住まいの断熱・空調・換気の
新しい考え方と仕組み

YUCACOシステム
解 説 読 本

YUCACO推進機構 理事長
東京大学名誉教授 **坂本 雄三** 著
YUCACO推進機構 協力

東洋出版

まえがき

　本書は、筆者がこれまでに多数の講演会や勉強会などで述べてきた「日本の住宅(特に木造戸建)における室内環境や、省エネルギーの考え方と仕組み」について、できるだけ平易に取りまとめたものです。世の中には住まいに関する情報がたくさん溢れています。本書で解説するように、住まいは社会・経済の動きとともに変化してゆきます。しかし、住まいは建築物ですので一度建てると、一般的に数十年は不動です。したがって古いものと新しいものが混在するのが現実の街並みになります。本書では、環境の時代である21世紀に相応しい住まいづくりを紹介しますが、こうした住まいが世の中に十分浸透するまでには相当の年数を費やすことになることが予想されます。

　筆者は、昭和23年生まれの建築環境工学者です。40歳代までは建築の温熱シミュレーション手法を志しました。大学院時代の室内気流の数値シミュレーションに始まり、室温・熱負荷シミュレーション、壁体の熱湿気同時移動シミュレーション、空調システムシミュレーション、都市気候シミュレーションなど、建物の温度や湿度、気流に関係する物理現象を予測することに興味を抱き、予測方法の開発と予測結果の検証について研究発表を行ってきました。当時は、もちろん現在のように工学シミュレーションの商用アプリなどがインターネット上に溢れている時代ではないので、シミュレーションプログラムはFORTRAN言語などを使用して自分で作成していました。また、シミュレーションによる予測結果を実測値と比較検証するということもできるだけ行い、予測手法の評価にも努めました。建設現場の見学や実際の建物の測定を通じて、「建築物の実態」にも少しは触れることができたと思っています。

　そのような研究活動のお陰で、建物における熱と温湿度の関係の「勘所」をおさえることができるようになったと思っております。これはどういうことかと言うと、例えば、その時代は省エネ建築の揺籃期であり、太陽熱利用が叫ばれパッシブソーラーハウスが人気でした。し

かし、そうした建築での太陽熱利用も、日射取得と蓄熱体の設置だけでは不十分であり、外皮の断熱性を高めなければ、太陽熱の室温への効果が薄くなってしまうということがシミュレーションによって確認できました。太陽熱にかぎらず「熱」は断熱によって貯めることが可能になるのです。これが筆者の言いたい「勘所」なのです。

　こうした背景の下に、東京大学の教官に赴任してからは、国土交通省住宅局の依頼もあって、住宅・建築の省エネルギー基準の整備と拡充に力を注いできました。青年時代に培った基礎能力を「建築という人間っぽい現実」の中の課題や問題の解決に役立てたいという動機からです。敬愛する恩師であった松尾陽先生(故人)の思考に従い、「外皮の適切な環境設計」と「高効率な設備システム設計」の両面から建築物の良好な室内環境と省エネルギーを推し進めるという考え方でもって、省エネルギー基準という建築実務と深く関わる行政的課題に取り組みました。「外皮と設備の両面」で進めるという考え方は、業務用の大型ビルなどでは2000年以前にすでに定着していましたが、住宅においては省エネ手法と言えば外皮の断熱化くらいで、住宅設備の省エネ化はまだ手段が存在しない時代でした。ですので、この時代に住宅においても「外皮と設備の両面」で推し進めることは無理がありました。しかし、21世紀に入りヒートポンプ機器やガス機器、照明器具、太陽光発電などの設備機器において省エネ志向の技術革新が実現し、住宅においても外皮と設備の両面から省エネルギーを推し進めることが可能になり、省エネルギー基準もその方針に従って分厚く整備されました。本書では、それらの状況と成果も紹介しています。

　さて、こうして建築物の省エネルギーに関わる行政が大きく飛躍するための基盤を整備・拡充させることができましたが、ではその次に何をすべきでしょうか？　そう模索している時に、東京電力の研究仲間が「住宅の全館空調」という、まさにタイムリーな課題を持ってきてくれたのです。それは2009年頃のことでしょうか。筆者は、省エネルギーの次に来るものとして、日本の住宅は空調という面から見ると、まだまだ不十分なので、簡易で経済的な全館空調システムを開発する必要があると考えていました。ビルで使用する全館空調システムを住宅にも採用するという手法は従前から存在しましたが、この手法では高価な予算が必要になるので、庶民の住宅にまで全館空調を普及させることはできません。そこで住宅の生産と販売の現実を踏まえ、ビルダーや工務店にでも設計施工ができて、手ごろな価格で且つ実用的な全館空調システムを開発し、広めることが急務であると考えまし

た。こうして出来上がったのが本書の後半で解説する「YUCACOシ ステム」です。国民的な住宅空調システムとして普及することを目指 しています。

　なお、「YUCACO」という名称は、「床チャンバー方式の空調システム」 がヒントになって付けた名称です。「ゆかこ」と発音すれば日本人の 女の子の名前になりますので、覚えやすいと考えました。英語の **"Your Uniform Conditioned Air COnfiguration"** は、「YUCACO」という 名称を決定した後に考え出した「駄洒落」みたいなものです。

　21世紀は、世界が環境に注目する時代です。ですから、地球環境か ら室内環境までを視界に入れて、整理された斬新な考え方に基づき、 21世紀の住まいを造っていこうではありませんか。

令和4年4月2日　坂本雄三

目 次

CONTENTS

1 ▶ 住まいの断熱・空調・換気の新しい考え方とは

1-1 ▶ 技術革新と住まいの進化

　現代社会は新たな「物」と「事」が常に生まれ、変化しています。もちろん大きな変化もあれば、気づきにくい小さな変化もあります。政治や経済における変化はともかく、私たちの住まいや日々の暮らしに注目すれば、戦後の77年間だけを切り取っても、多くの変化がありました。1960〜1980年代に見られた大規模な団地の開発や工業化住宅の発展は、それまでの住宅の生産方法と人々の暮らしをかなり変化させました。

　建築や住宅における様々な変化の中でも、本書が注目する変化は、省エネ建材と住宅設備の分野における変化です。この分野における変化は、我々人間が直接手に触れたり、五感で感じたりすることが多いので、誰もがその変化を実感できるのではないかと思います。**図1-1**には、その例として、窓、暖冷房・換気、給湯・浴室、照明、厨房にお

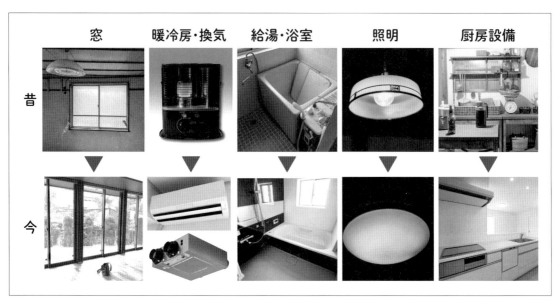

図1-1　住まいの建材と設備機器の今昔

図1-2　内外装材が施工前の木造住宅の建設現場
　　　左:押出発泡ポリスチレンのボードの外張断熱(写真提供:㈱アイホーム)
　　　右:セルロースファイバーの吹込充填断熱(白い不織布の外側に断熱材が吹き込まれる、
　　　　写真提供:㈱デコス)

ける変化(旧来のものと現代のものの比較)の例を示しましたが、1980年以前の住まいの記憶がある人なら、どなたでもこの変化に納得していただけると思います。

　しかし、内装材や外装材で覆い隠されてしまう構造材や断熱材における変化は、あまり気づかれない変化かもしれません。特に断熱材は省エネ建材としては大変重要な地位を占めていますが、建物ができあがると目にすることはありませんので、注目度は低くなります。**図1-2**は、外装材や内装材が施工される前の木造住宅の建設現場の写真で、断熱材が見えるものです。現代の住まいの外壁などには必ずこのような断熱材が施工されています。断熱材には色々な種類があり、施工方法も様々ですので、**6〜8章**で少し詳細を解説します。

　古い木造住宅の解体現場を見れば分かりますが、昔の建物には断熱材が入っていません。昔はそもそも断熱材が生産されていなかったのです。外皮(外気と接する建築部位:外壁、屋根、天井、床、開口部[01])に断熱材を入れて建物からの熱損失を減らせば、暖かくて暖房エネルギーも少ない建物ができることが分かり、本格的に実施されるようになったのは、寒冷地を除けば日本では1980年以降のことです。窓もようやく1枚ガラス(単板)から2枚(複層ガラス)になり、現在では3枚ガラスのものさえ販売されています。

　設備については、目につきやすいものですので、その変化には誰もが気づきます。ここでは詳しい解説は省きますが、暖房、冷房、給湯、浴室、照明、厨房、換気などにおける、この30年間における変容・変化

※01
「外皮」という概念は、日本では省エネがテーマになった1980年代以降に形成された概念です。英語の"envelope"を和訳してできた言葉です。従前は「外周部位」とも言っていました。

を確認してください。快適性、省エネ性、安全性、機能性などが随分進化しているはずです。

　以上のように、住まいの快適性、利便性、省エネ性は、建材と設備機器における技術革新によって、近年大きく改善され進化したと言えるでしょう。我々はこうした技術革新や進化の恩恵にいますぐにでも浴することができるのです。既存の住宅であっても、リフォームや改修[※02]によって、こうした進化した建材と設備機器を活用することは容易に可能です。

※02
「リフォーム」や「改修」の類似用語として「リノベーション」「リモデリング」「リトロフィット」などがありますが、各々明確な定義があるわけではありません。

1-2 ▶ 技術革新と政策(行政)の相互展開

　それでは、**1-1**で述べた住まいの技術革新や進化はどのようにして実現されてきたのでしょうか。住まいの技術革新といっても、住宅・建築の部門には材料・構造・耐久性・施工などの分野もありますので、ここで述べる技術革新は環境・省エネの分野のものに限定します。この分野は、戦後、オイルショックや地球温暖化という問題を背景として、世界的に技術革新が進み、現在もそれが進行している分野です。専門家はそれを建築の「グリーンイノベーション」と言っています。また、「サステナブル」とか「エコ」とかいう言葉も同じような意味を持って使われています。

　表1-1には、1970年代以降において住宅・建築の環境・省エネの分野で起きたトピックを年代ごとに、社会・行政の領域と技術の領域(さらにビル建築、戸建住宅、電気機械に分かれる)に分けてまとめてみました。筆者が随意に作った年代表ですので、皆さんが初めて目にするような用語があったり、反対に自分が重要だと思うものが入っていなかったりすることがあるかもしれませんが、ご容赦ください。

　筆者がこの表を使って述べたいことは、国際的な動向と国内での行政は、技術分野の革新や発展と関係しあいながら、どんどん展開・進行しているということです。つまり、省エネ法などの行政措置が打ち出されると、例えばエアコンのインバータ技術や低放射ガラスなどの優れた技術革新が生み出され、その後、それらを普及させるべく、建築物の省エネ基準が強化されたり、エコポイントのように補助金が提供されたり、というような関係になっているということです。まさに技術革新と政策(行政)は相互に影響しあって世の中を前進させているのです。ここ20年では、住宅の次世代省エネ基準の制定が契機となり、エコキュート(ヒートポンプ給湯機)の開発や太陽光発電パネルの技術革新

表1-1 社会・行政と省エネ技術革新の年代別トピック

時代	社会 行政のトピック	主にビル建築の技術やトピック	主に戸建住宅の技術やトピック	電気・機械技術のトピック
1970年代	ローマクラブ **オイルショック** 省エネセンターの創設 **省エネ法**	HASP/ACLD シックビルディング 全熱交換機 蓄熱槽 吸収式冷凍機	断熱材 寒住法改正	**ヒートポンプエアコン**
1980年代	建築物の省エネ基準 IBECの創設	PALとCEC 熱線反射ガラス ダブルスキン ビルマルチエアコン ガスヒートポンプ 自然通風 昼光利用	太陽熱温水器 パッシブソーラーハウス 建設省総プロ **高断熱・高気密** Q値とC値 外壁の通気層	
1990年代	地球温暖化問題 ヒートアイランド問題 アジェンダ21 家電のトップランナー基準 **京都議定書** 住宅の次世代省エネ基準	HASP/ACSS 床吹き出し空調 氷蓄熱冷房システム タスク&アンビエント エアーフローウィンドー **サステナブル建築** CASBEE BEMS	新住協 R2000住宅 外断熱・外張断熱 SMASH シックハウス **低放射複層ガラス** 樹脂サッシ	コジェネレーション インバーター技術 VAV,VWV
2000年代	地熱利用の促進 品確法と住宅性能表示制度	**コミッショニング** 省エネ改修 モジュールチラー デシカント空調 BEST	オール電化住宅 **エコキュート** エコジョーズ 住宅換気の義務化 断熱リフォーム	照明制御技術 **LED** **太陽光発電の効率向上**
2010年代	**エコポイント（住宅・家電）** **FIT制度** 震災による原発停止 **建築物省エネ法** **パリ協定** SDGs	ZEB 木造振興 **省エネ基準の義務化** **1次エネルギー消費計算**	エコハウス **ZEH** HEAT20 **断熱と健康（血圧低下）** HEMS 全館空調 希ガス入り3層ガラス	ブラシレス直流モーター 燃料電池 蓄電池

が行われ、ZEH（ゼロエネルギー住宅[03]）が可能になり、ZEH補助金の実現につながった経緯があります。

　建築物は材料と設備機器をアセンブルしたものですから、建築設計というアセンブルテクニックの領域においても、十分学習した人ならば建築を省エネ化することが可能です。優れた建築設計者ならば、省エネ建築の企画・設計こそ自分の腕の見せ所となるのです。

　一方、建築の要素である建材や機器自体が単独であっても技術革新によって省エネ的なものに変化すれば、大きな省エネ化が達成されます。例えば、熱伝導率のより小さな断熱材やCOPの高いエアコンが新たに開発されれば、もちろん新製品ですからコストの問題もありますが、大きな省エネが達成されます。こちらの方が前述の建築設計

※03
「ZEH」は"net Zero Energy House"から作った和製の造語です。「ゼッチ」と発音しています。

図1-3 　社会・行政と省エネ技術革新の相互展開

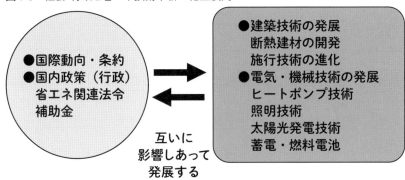

という「アセンブル」より因果関係（要素の開発という原因と省エネという結果）が単純なだけに世の中での普及の速度はこちらの方が速いかもしれません。

　このように、「建材や機器の技術革新」と「行政による省エネ基準の拡大・普及」はいわば車の両輪であり、相互に刺激しあって日本の住宅建築の省エネルギー化を推し進めてきたと言えるでしょう**（図1-3）**。

2 ▶ 脱炭素・省エネルギー

2-3 ▶ 世界と日本の脱炭素目標

　現代の社会・経済・技術の話をする上で、脱炭素の問題は避けて通れません。建築や住宅はもちろん社会の重要な基盤の一つであり、建築・住宅に関わる産業は経済分野においても大きな重みを持っています。と言っても世界の国々は自国のエネルギー安全保障について様々な思惑がありますので、脱炭素の専門家でもない一人の国民が温室効果ガスの削減目標などを軽々に語れるものではありません。しかし、世界各国や日本政府がエネルギー安全保障と脱炭素政策についてどのように考え、現況がどうなのかくらいは、世界や日本の今後を考える上で必要な知識ではないでしょうか。

　さて、日本の脱炭素についてですが、1997年の京都議定書以来、常に政策上の大きなテーマであり続けています。京都議定書のあとは、2015年のパリ協定、2021年のCOP26と続いていますが、日本は一貫して大きな削減目標を掲げ続けています (図2-1)。特に、2021年のCOP26の前には、欧米が2030年までの削減目標として大きな数字を示したので、日本も追随して46%削減という「アドバルーン」を上げてしまいました (表2-1)。

　パリ協定では日本全体の目標値は26%減(2013年比)ですが、その内訳を見ると家庭部門(住宅)にはさらに大きな「39%減」が課せられています (図2-2)。上記の46%削減を云々する前に、パリ協定で約束した26%減が達成可能な数字なのか、異常に高いハードルなのか、住宅における最有力手段と目されているZEHの例を用いて考察してみましょう(ZEHの説明は10-23参照)。

　脱炭素(CO_2の削減)は、大別すると、①「エネルギー供給側での化石燃料供給の削減」と②「エネルギー消費側での負荷の削減(省エネ)」によって達成されます。ですから、ZEHの場合、太陽光発電パネルが設置され発電がなされますが、その発電の大半が当該住宅で自家消費されれ

図2-1 脱炭素への世界の動向／出典：EnergyShift

表2-1 温室効果ガス削減の2030年目標
出典：読売新聞

日本	46%減 （30年度。13年度比）
米国	50~52%減 （05年比）
欧州連合 （EU）	55%減 （1990年比）
英国	78%減 （35年目標。90年比）
中国	30年までにCO$_2$排出量を減少に転じさせ、60年までに実質ゼロに

図2-2 パリ協定における日本の削減目標

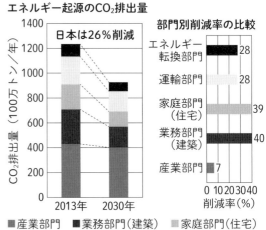

ば、ZEHは②に該当する削減手法と見なしてよいでしょう。そうすれば、ZEHの省エネ率は85〜100%に近くになります。しかし、ZEHの太陽光発電は自家消費が少なく、自家消費できなかった余剰電力は電力会社に買い取ってもらっているのが現状です。

　ZEH化(住宅のゼロエネルギー化)は新築の戸建住宅が主なターゲットです。そこで、新築戸建を仮に今後15年間、全戸ZEHで建てた場合、日本全体でどれだけの省エネが可能か推計してみます。日本の全世帯数は6500万世帯、そのうちの55%(3575万戸)が戸建住宅です。一方、戸建住宅の新築戸数は、景気によってかなり変動しますが、30万戸／年くらいとされています。したがって単純に考えると、その間の新築戸数は30万×15年＝450万戸となります。といってもこの戸数は戸建住宅の全世帯の12.6%(＝450万÷3575万)にしか相当しません。これでは1戸のZEHの省エネ率を100%と仮定しても、日本の全戸建住宅の省エネ率は12.6%にしかならず、パリ協定の家庭部門の39%減には遠く及びません。

　結局、②の方法を住宅分野で実施する場合、新築だけに頼っていては成果が小さいので、既築住宅においても大々的に省エネ改修やリフォームを実施することが重要になります。しかし、ほとんどが私有財産である既築住宅の大部分を15年程度で省エネ改修するということは困難というより無理筋のことのように見えます。よって、短期間で脱炭素化を行うためには①の方法の成否が鍵を握ることになります。

2-4 ▶ 日本のエネルギー需給と政策

　脱炭素化における鍵である①の方法(「エネルギー供給側での化石燃料供給の削減」)について考えるために、日本のエネルギー需給データを見てみましょう(出典:『エネルギー白書2021〈資源エネルギー庁〉』)。

　図2-3〜図2-5は2019年までの年次データの時系列です。図2-3はエネルギー供給量、図2-4は発電量、図2-5はエネルギー消費量ですが、内訳も示されていますので、脱炭素のための方策を検討することができます。これらのグラフから以下のことを判断できます。

　　a) エネルギーの供給量と消費量は2005年前後をピークにそれ以後は減少している(2019年の消費量は2005年のそれに比べて18.6%減少)。この減少には、**2-3**の②「**エネルギー消費側での負荷の削減(省エネ)**」が寄与していると推察できる。

図2-3 エネルギー供給量の内訳と推移／出典：エネルギー白書2021

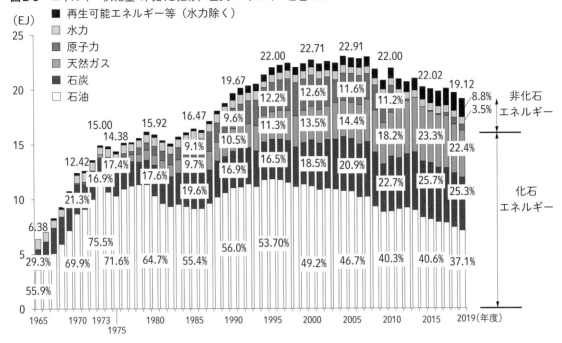

図2-4 発電量の内訳と推移／出典：原子力・エネルギー図面集2021（JAERO）

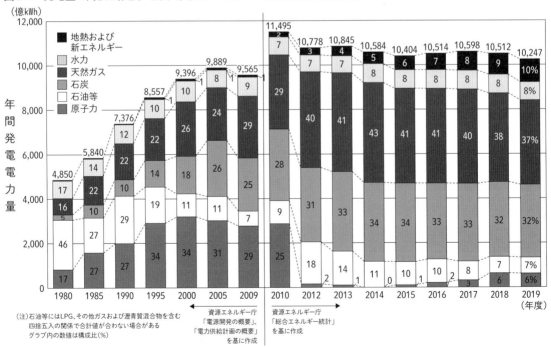

(注)石油等にはLPG、その他ガスおよび瀝青質混合物を含む
四捨五入の関係で合計値が合わない場合がある
グラフ内の数値は構成比（%）

資源エネルギー庁
「電源開発の概要」、
「電力供給計画の概要」
を基に作成

資源エネルギー庁
「総合エネルギー統計」
を基に作成

図2-5 エネルギー消費量（最終消費）の内訳と推移

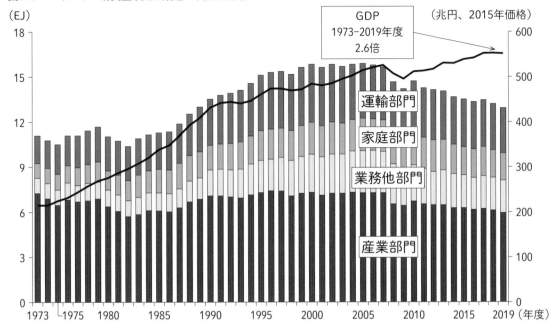

（EJ）

GDP
1973-2019年度
2.6倍

（兆円、2015年価格）

運輸部門

家庭部門

業務他部門

産業部門

1973 1975 1980 1985 1990 1995 2000 2005 2010 2015 2019 （年度）

b) 石油供給量の減少は1995年以降、顕著だが、石炭と天然ガス
は増加傾向である。

c) 水力も含めた再生可能エネルギー（以下、「再生エネ」）の供給量は
増加傾向だが、2019年の全エネルギー供給量に対する比率は
12.3%であり、まだ低い。

d) 発電量の内訳では、2012年以降の原子力の激減分を新エネル
ギー（再生エネ）等が少しずつカバーしているように見える。

　また、**図2-6**は筆者が2019年のデータなどを基にして作成したエ
ネルギーフローの図です。日本の総エネルギー供給量19.12EJ（エクサ
ジュール）[※04]は、発電に46%向けられ、直接使用（消費）が54%であること
が分かります。なお再生エネも含めた発電効率は42%で、火力発電
所の一般的な発電効率である37%より高くなっています。

　①の方法とは、再生エネや原子力などのCO_2をほぼ排出しないエ
ネルギー（非化石エネルギー）をできるだけ多く使用して、化石燃料の使用
量を減じるという方法です。したがって、上記の**b)**は好ましくありま
せんが、**c)**と**d)**の傾向は好ましいと言えます。では非化石エネルギー
の使用量を現在よりどれくらい増やせばよいのでしょうか？ 単純に
考えると、それは目標とするCO_2削減量の割合とほぼ同じ割合であ
ると言えます。パリ協定では26%削減が目標ですから、化石燃料の消

※04
エネルギーの物理単位は、
国際単位系（SI）のJ（ジュー
ル）を使用するのが一般的
です。また仕事率などエ
ネルギーの流れを表す場
合にはW（ワット）が使われ
ます。
1W=1J/sである（"s"は秒）
ので、電力のエネルギー
を表す「kWh」は、1kWh=
1000 × 1J/s × 3600s=
3,600,000J=3.6MJと
なります。
このように電力、重量、長
さなどの物理量は極小か
ら極大までの数値を表示
する必要がありますので、
1000倍ずつで区切って
以下の呼称（SI接頭語）を用
いて表示しています。
つまり大きい方は順に、**k**
（キロ）=10^3、**M**（メガ）=10^6、
G（ギガ）=10^9、**T**（テラ）=10^{12}、
P（ペタ）=10^{15}、**E**（エクサ）
=10^{18}、……です。
小さい方も順に**m**（ミリ）
=10^{-3}、**μ**（マイクロ）=10^{-6}、**n**
（ナノ）=10^{-9}、**p**（ピコ）=10^{-12}、
……となります。

図2-6　日本のエネルギーフロー図（2019年データを使用）

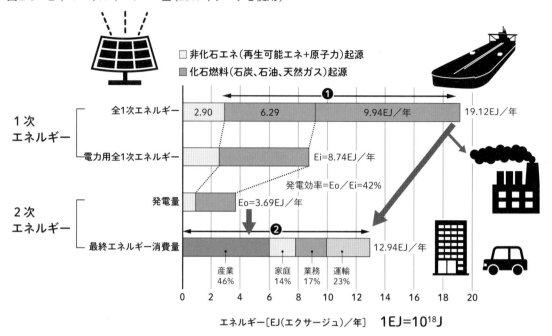

費を約26%減らして（ただし内訳は変えない）、非化石エネルギーを26%増やすというのがほぼ答えになります。再生エネと「厳格な審査をパスした原子力」をどのようにして増大させるか、政府の舵取りを見守りましょう。

3 ▶ 日本の住まい（変遷と政策）

3-5 ▶ 住まいの変遷

　本書は住まい（住宅建築）に関する図書ですので、ほんのわずかでも日本の住まいの「変遷」について触れておきたいと思います。ここでの記述は簡単すぎて「歴史」という言葉を使うのは憚りますので、「変遷」という言葉を使います。

　日本の古い住まいや建築というと、多少年配の人ならば、すぐに「古民家」「数寄屋造り」「伝統建築」などが口をつくでしょう **(図3-1)**。確かに、明治時代以前から受け継がれてきた古い様式と材料の建物は今でも保存されており、実際に使用されているものもあります。我々に歴史の重みを訴え続けているかのようであります。住まいや建築は時代と共に歩むものでしょうから、こうした古いものを現代のものと比較して軽率にコメントすることは、筆者には意味のあることとは思えません。筆者は、古い住まいや建築を通じて、その時代時代を生きた人々の苦労や歓びに思いを馳せることが、現代の我々にとっても何かのプラスになるのではないかと考えます。

　さて、こうしたかなり古い住まいや建築のことから、話は一気に戦後（1945年以降）に飛びます。**図3-2**は1955年以降の新設住宅の年間着工戸数を示しています。戦後はとにかく住宅が極端に不足していたので、バブルが終わっても新築住宅は沢山（年間、百万戸以上）建て続けら

図3-1　日本の伝統的な住まい

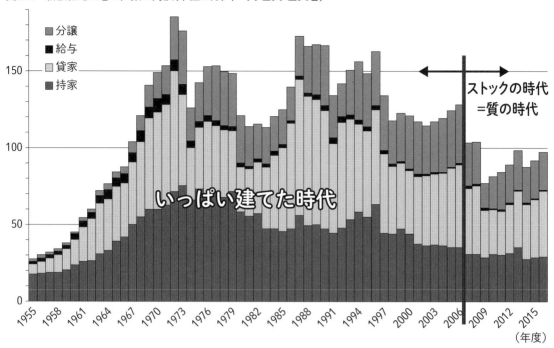

図3-2　新設住宅の着工戸数の内訳（単位は万戸／年。出典：国交省）

れました。それが21世紀に入るころから落ち着きを見せ、住まいは「フローからストックへ／量から質へ」という転換を図るべきだという声が大きくなりました**(図3-3)**。

　政府もその声に反応し、1966年から続けてきた「住宅建設五箇年計画」による公営住宅等の建設戸数の策定を2006年に終了し、代わりに「住生活基本法」を制定し、住宅政策の基本をフロー（新設建設戸数重視）からストック（良好な居住環境の形成）に切り替えました。このような政府の方針転換の背景には、国民全体がほどほど豊かになり、衣食住がかなり満たされるようになったことが考えられます。衣食住が満たされるようになった一例として「空家」の増加が挙げられます**(図3-4)**。質はともかく量だけ見れば、「住」には余裕ができたということでしょうか。ですから、それまでのように建設戸数（量）を目標にして住宅政策を展開するだけでは国民の要望に答えられなくなり、「質」の高い住まいを新築することや、既存の低質の住まい（ストック）を高質のものに造りかえる、つまり、リフォームや改修を行うことを誘導・奨励するということが住宅政策の中心になってきます。

　また、1999年には「住宅の品質確保の促進等に関する法律（住宅品確法）」がすでに制定されて、住まいの品質の定義とその確保のための手法について国が明らかにして、業界を誘導するという体制が整いつつあり

図3-3 フローからストックへ／
量から質へ

量

↓

質

図3-4 住宅総数と空家率（出典：総務省）

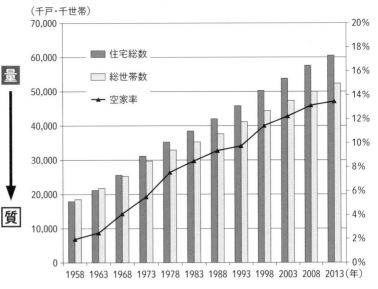

ました。このような準備ができていたからこそ、政府も思い切った方
針転換ができたのではないかと思っています。

　ということで、日本の住宅市場も今や欧米のように、新築中心の市
場から既存住宅も含めた市場へと変わってきました。しかし、近年の
日本国民の住宅関連への投資は17〜18兆円／年（そのうちリフォーム市場
は約6兆円／年）あり、対GDP比では3.3%前後という報告（「国民経済計算年報」
内閣府）があります。この数字はドイツやフランスに比べると半分くら
いの数字であり、筆者は、日本人の「住」に対する「こだわり」は欧米人
に比べると、まだまだ低いのではないかと考えています。

3-6 ▶「開ける家」vs「閉じる家」

　3-5 で説明したように、日本の住まいは21世紀になってから、質を
重視するという方向に切り替えられました。しかし、「住まいの質」と
いうことについて十分な議論とコンセンサスづくりを経ずに、革新的
なビルダーらが、技術革新の成果である省エネ建材や設備を積極的に
導入して高断熱・高気密住宅を生産し始めたため、伝統的な住まいづ
くりから脱却できない建築家や生産者は頭の中が混乱したようです。

　北海道から始まった高断熱・高気密化の波は1990年頃には東北地
方や北関東・信越地方にまで押し寄せていました。ところが、東北以南
の地域においては、日本の伝統的な住まいのコンセプトに固執して、
高断熱・高気密住宅を批判する建築家や生産者が少なからず居りました。

彼らが自賛し建設する住まいは「開ける家」とか「開放型」と称されましたが、その背景にあるものは古民家や数寄屋などの日本の伝統建築です。また一方で彼らは、高断熱・高気密住宅に対しては「閉じる家」とか「閉鎖型」であると指摘し、日本の気候風土に適さないと批判しました。

彼らの主張は一つにきっちりまとまっている訳ではなく、人によって言うことがかなり異なるのですが、大雑把にまとめれば**表3-1**に示すようなものになります。中気密・中断熱がよいとか、熱容量を増大させてパッシブソーラー住宅にするのがよいとか、主張する人も居ました。この表には「高断熱・高気密住宅」における設計方針も示しましたので、「開ける家」と「閉じる家」の内容を比較すればこの論争の論点を理解できると思います。

筆者が「開ける家」の内容において一番理解できない点は、彼らが「日本の気候風土に適応する住まい」を標榜し、「日本の伝統住宅」がそれに該当すると暗に言っている点です。この主張は普通の人が大変騙されやすい表現になっていますので注意が必要です。伝統建築は日本で何百年も継承され建てられてきたのだから、伝統建築が日本の気候風土に最も適応した建築(住まい)であると言い切れるものでしょうか。そもそも「気候風土に適応する」ということを、人間の感性だけでなく、科学的にどのようにして確認するのでしょうか？ 日本の気候は四季

表3-1 「開ける家」と「閉じる家」の比較

開けるか閉じるか	開ける家(開放型)	閉じる家(閉鎖型)
建物のイメージやコンセプト	日本の伝統住宅 (日本の気候風土に適応し、伝統工法や伝統的な仕様を継承する)	高断熱高気密住宅 (最小限の暖冷房エネルギーで最大限の温熱環境が得られる。春秋の窓開放も可)
壁の造り方 (特に、断熱・気密・防露について)	・主として土壁や板壁などの真壁造(断熱材は一般的に使用されないが、薄い断熱材が使用される場合もある) ・通気性を重視する(壁体内の乾燥を促進し、木部の腐朽を防ぐため)	・断熱材の使用(主に柱間に充填) ・シートやテープ、発泡剤を用いて隙間を気密化(断熱効果の向上と冬期の防湿のため) ・防湿シートと通気層(壁の外気側)による冬期の防露対策
開口部(主に窓)	・大きなアルミサッシと単板ガラスの窓(熱損失が大きい) ・雨戸や襖などの建具を使って熱損失を緩和する	・ほどほどの大きさの断熱窓(高気密の断熱サッシと低放射複層ガラス) ・窓は開閉可能なもの
日射遮蔽	・深い軒と庇 ・窓には簾(すだれ)や葦簀(よしず)なども使用。	・窓にはブラインド類を取り付ける ・遮熱ガラスの窓
換気	・自然換気 ・換気回数は5回/h以上(低気密のため)	・機械換気 ・換気回数の設計値は0.5回/h
暖房	・こたつ、電気カーペットなどの採暖器具 ・厚着を勧める	・エアコンが主(冷房もできるので) ・寒冷地では放射暖房が普及
冷房	・冷房装置は基本的に設置しない ・窓を開放し通風で暑さをしのぐ	・エアコンで冷却と除湿を行う

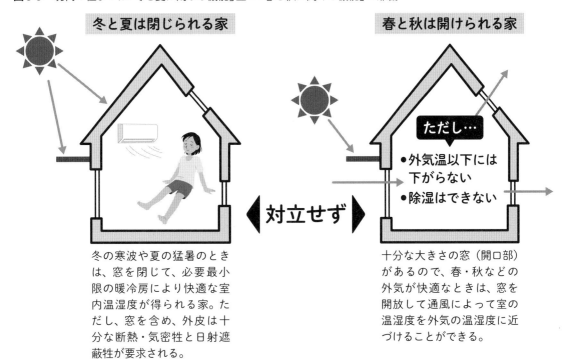

図3-5　現代の住まいは「冬と夏は閉じる機能」且つ「春と秋は開ける機能」の兼備

冬と夏は閉じられる家

冬の寒波や夏の猛暑のときは、窓を閉じて、必要最小限の暖冷房により快適な室内温湿度が得られる家。ただし、窓を含め、外皮は十分な断熱・気密性と日射遮蔽性が要求される。

◀ 対立せず ▶

春と秋は開けられる家

ただし…
● 外気温以下には下がらない
● 除湿はできない

十分な大きさの窓（開口部）があるので、春・秋などの外気が快適なときは、窓を開放して通風によって室の温湿度を外気の温湿度に近づけることができる。

が明瞭であり、夏の猛暑と冬の寒波も頻度が高く、台風や集中豪雨が毎年襲う、他の中緯度に属する地域の気候に比べると厳しい部類に属する気候です。ですから、夏の猛暑と冬の寒波にも対抗できる建築的措置がなされた建物こそ「気候風土に適応する住まい」と言えます。「開ける家」は、兼好法師が述べたように夏の猛暑にはかなり対応できています（とはいっても除湿がないので現代人にとっては不十分な室内環境）が、冬の寒波にはほとんど無防備な建物です。「開ける家」は「気候風土に適応する」と言っても半分程度しか適応できていません。結局、**図3-5** に示すように、冬と夏は閉じられ、春と秋（外気が適温になる時期）は開けられる家が、「日本の気候」に適した住まいと言えるのではないでしょうか。

　「開ける家」を支えるコンセプトは伝統建築が体現してきました。伝統建築は日本の文化・歴史を象徴するものですから、現代人が合理的・経済的に暮らすための住まいという観点とは別に評価されるべきものです。その点を政府も勘案して、現在の省エネ基準では「気候風土適応住宅」というジャンルを設け、このような住宅を定義するガイドラインを設け、外皮の断熱基準は適用除外にして1次エネルギー消費量だけで評価するという「特別措置」のような対処を行っています。

4 ▶ 住まいの性能と評価

4-7 ▶ 住まいの性能と評価に関連する法令

　現代の日本では、空き家問題が発生していることからも分かるように、住まいは「量から質」の時代に変わったことが明らかです。日本は自然災害の多発にもかかわらず、大都市では古くから密集居住が一般的でした。住まいの質という場合、耐震・耐風性や防耐火性などの安全性能がすぐ頭に浮かびますが、こうした建物の性能について国が取り組みだしたのは、もちろん明治以後のことです。日本の都市建築行政は、1919年の市街地建築物法の制定から始まったと言われています。戦後、この法律は建築基準法に改められ、都市計画法が分離したり、基準法自身も何度も改正されたりしました。これはまさにその背景にある建築技術と建築産業の進歩や発展を物語るものですが、それによって評価体系が見直され、評価基準の精度も向上しました。

　建築基準法は、建築物の敷地、構造、設備などについて最低の基準を定めたものであり、建築物に言わば最低限の性能を確保させるための法律です。といっても、建築基準法だけではカバーしきれない部分や分野もあるので、建築基準法の運用においては様々な建築基準関連規定と基準法がセットになって建築確認の行政（申請建物の法令適合チェック）が行われています。

　前述したように建築基準法は最低限の性能を確保させるためのものですが、建築の性能は数量的に明示できる項目と明示しづらい項目があります。明示できる項目であれば、建築基準法が要求するレベルをはるかに超える非常に高いレベルの性能を定量的に表示することも可能です。国民が豊かになり、最低限の性能では満足できなくなれば、住まいの方も高い性能レベルで建てたいというニーズが広がってきます。

　しかし、一般に建物や住まいの性能評価・表示というものは簡単に定められるものではありません。また、それらが定められていたとし

表4-1 建築物や住まいの性能について定めた法律

法律名		立法の趣旨	強制力
建築基準法		建築物の敷地・設備・構造・用途についてその最低基準を定める。(耐震性能、防火対策、衛生対策等について示す)	適合義務
建築基準関連規定	建築物省エネ法	建築物のエネルギー消費性能の向上に関して方針・基準を定める。(外皮の断熱・日射遮蔽性能、設備(暖冷房・照明・給湯・換気など)のエネルギー消費性能に対して基準を示す)	ほぼ適合義務に近い
	消防法、水道法、下水道、ハートビル法、浄化槽法など	建築物の安全性と衛生性などの観点から遵守すべき事柄を示す。	適合義務
住宅の品質確保の促進等に関する法律		消費者保護の観点から住宅供給業者の瑕疵担保責任(契約不適合責任)を明示し、契約適合責任の履行を義務づける。	適合義務
		日本住宅性能表示基準と性能表示制度の制定(表4-2に示す性能10項目に対して等級によって性能を格付けし、消費者が望む性能に応える)。	消費者の任意

ても、性能表示が消費者と住宅生産者の間のトラブルの原因になってはいけません。ですから、住宅や建築の研究者や専門家の知識と知恵を集めて政府がルールを策定し、そのルールに則った評価と表示の制度を構築する必要があります。こうした観点から、1999年に住宅の品質確保の促進等に関する法律(住宅品確法)が制定され、住宅性能表示制度が設けられました。これは住宅だけ(戸建も共同等も)を対象にしたものですが、建物の包括的な性能評価と表示を消費者に対して行うものです。また、住宅品確法には、性能表示制度とは別に、雨漏りや建物の傾きなどの瑕疵に対する生産者側の責任を明示した保証制度も設けられています。

　以上をまとめて、**表4-1** に建築物や住まいの性能に関する法律として示します。建築基準法や建築基準関連規定、住宅品確法の「瑕疵担

表4-2 日本住宅性能表示基準における性能項目

	性能項目
1	耐震性(地震などに対する強さ)
2	火災安全性(防耐火性と感知警報など)
3	耐久性(柱や土台などの劣化軽減)
4	維持管理・更新性(配管の清掃や補修のしやすさと更新対策)
5	省エネルギー性(断熱性等とエネルギー消費量軽減)
6	空気環境の安全性(シックハウス対策と換気性能)
7	光・視環境性(窓の面積)
8	遮音性(共同住宅の界壁・界床)
9	バリアフリー性(高齢者や障害者等への配慮)
10	開口部の防犯性(侵入防止対策)

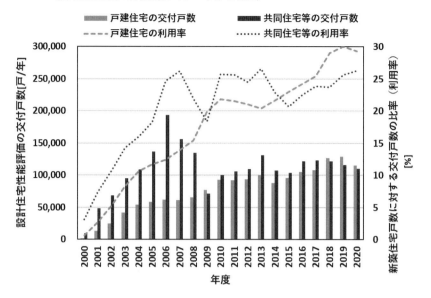

図4-1 住宅性能表示における設計住宅性能評価の交付戸数と利用率の推移
（住宅性能表示・評価協会のデータから作図）

保責任の履行の確保」は最低の性能の確保と言えるでしょうから、適合義務を伴う法令となっています。一方、住宅性能表示は最低限のレベルの確保とは言い切れませんので、性能レベルの表示の提供を求めるか否かは消費者の判断に任せられています。

　表4-2に住宅性能表示制度において採用されている性能項目を示します。本書のテーマである断熱性や省エネルギー性は5番目に入っています。また、**表4-1**には「建築物省エネ法」も示されていますが、これらについては次の**4-8**で説明します。**図4-1**は住宅性能表示における交付戸数（設計評価のみ）と利用率の推移ですが、近年、戸建住宅の利用率が30％近くまで伸びていることは注目に値します。

4-8 ▶ 住宅の省エネ基準と関連法令

　さて、前節(4-7)で住まいの性能全般に関わる法令が解説されましたので、ここでは本書のテーマである住まいの断熱性能や省エネについて、法令の中でどのように位置づけられ取り扱われているかを見てみます。

　住宅を含むすべての建築物における省エネ性能(エネルギー消費性能)を規制する法令は**表4-1**に示した「建築物省エネ法(正しくは、建築物のエネルギー消費性能の向上に関する法律)」です。この法律には、①**建築物の省エネ性の評価方法と基準**、②**行政上の位置づけや取り扱い方**、③**罰則規定**

など、が示されています。①はこの法律そのものの中では具体的に示さず、この法律の関連省令（経済産業省・国土交通省省令）の中で示しています。②については、**表4-1**に示した通り、建築物省エネ法は建築基準関連規定の一つという位置づけですから、建築基準法と同格ですので、省エネ基準に対しては原則的に「適合義務」が求められることになります。

建築物省エネ法は2015年に制定されましたが、それまでは建築物の省エネ行政は「省エネ法（正しくは、エネルギーの使用の合理化等に関する法律）[05]」を根拠として遂行されていました。この法律においては、法律の性格上、民生部門（建築物などの分野）の省エネに対しては「努力義務」というスタンスしか取れませんので、省エネ基準は強制力を伴わない基準という位置づけでした。そのような経緯を考えれば、建築物省エネ法の制定は、強制力を有する省エネ基準への転換を意味しており、エポックメーキングな出来事であったと言えるでしょう。

住宅の省エネ基準の中身に少し触れます。非住宅建築に対しても同様ですが、現在の省エネ基準は、**図4-2**に示すように、①**外皮の省エネ対策**と②**設備の省エネ対策**との二本立てになっています。まず、①**外皮の省エネ対策**とは、外皮の断熱性と日射遮蔽牲に対して基準を設け基準値に適合させる設計を建築主（施主）に求めます。基準で用いられている指標や基準値については**6章**でさらに詳しく説明します。

次に、②**設備の省エネ対策**ですが、住宅の省エネ基準においては、

※05
「省エネ法」は二度のオイルショックが契機となって1979年に制定された法律で、工場や大きな事業所、機械や電気製品の省エネ対策などにおいては、現在も運用されており、効力を発揮しています。

図4-2　省エネルギー基準の構成と適合判定

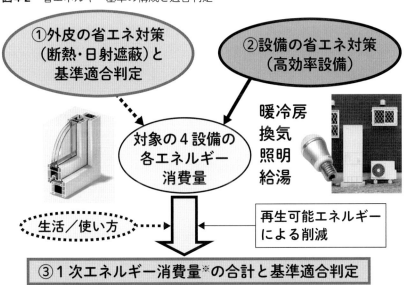

※1次エネルギーとは：電力も含め、化石燃料の発熱量に換算した場合のエネルギー。
　　非化石エネルギーも発電出力が同じ火力発電とみなし発熱量を計算する。

図4-3 設備の1次エネルギー消費量計算とBEIのよる適合判定

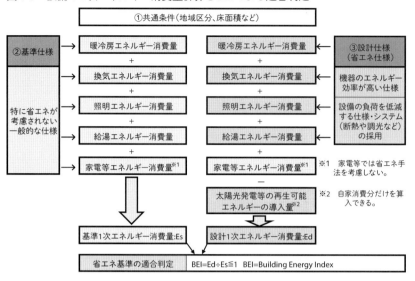

対象となる設備は暖冷房、換気、照明、給湯の4設備です。基本的には各設備に対して高効率で省エネ的な機器やシステムを導入することが肝要ですが、エネルギー消費性能の評価と判定はこれら4設備のエネルギー消費量の合計値(**図4-2の③参照**)に対してのみ行われます。4設備の個々に対しては行われません。また、住宅では家電等(情報機器や厨房機器など)のエネルギー消費がかなり大きなウエイトを占めますが、これに対しては床面積に比例する消費量を加える処理が行われるだけですので、個々の機器の省エネ性は考慮されません(**図4-3参照**)。これは情報機器などに対する省エネ対策や行政は、建築物の省エネ基準の中ではなく、機械機器分野において行われてきた経緯があるからです。

図4-3に示すように、エネルギーを創り出す設備である太陽光発電設備(再生エネ)がもし設置されていれば、それもエネルギー消費量計算の対象に加えることが可能です。再生エネの自家消費部分はマイナスのエネルギー消費として計算されます。なお、エネルギー消費量の計算におけるエネルギーの単位は1次エネルギーです。1次エネルギーとはすべてのエネルギー消費量を化石燃料の発熱量に換算した時のエネルギー量です。系統電力(電力会社から購入する電力)の1次エネルギー換算については、発電方法による差異は無視して、全国の火力発電所のエネルギー効率等に基づき定めた全国統一の1次エネルギー換算値[06]を使用することが法令で定められています。この点、発電所別に異なる排出係数を用いるCO$_2$排出量の算定とは考え方が異なっています。

※06
系統電力の1次エネルギー換算値は、2022年現在、9,760kJ/kWh(昼夜の区別をしない場合)となっています。ところで、日本の火力発電所は近年の努力の甲斐あってエネルギー効率が向上し、そのために、この換算値を2023年に8,640kJ/kWhまで下げようという動きがあります。これは、電気製品の省エネ性が器具を改善しなくても自動的に11%も高まることを意味しています。

4-9 ▶ 建物の持続可能性(サステナビリティ)

ここでは建物と脱炭素との関係についてもう少し深く考えてみます。脱炭素と言えば2章で述べたように、非化石エネルギーの使用とエネルギー消費側の省エネが最大のポイントになりますが、建物との関係で言えば、もう2点が追加されます。それは、「木造化」と「長寿命化」の2点です。

図4-4に示すように、建物の脱炭素化は大別すると、**①省エネルギー**(外皮の高断熱化や設備の高効率化)、**②創エネルギー**(建物周囲で太陽光発電などの再生可能エネルギーを創りだす)、**③木造化など**(木材などのCO_2発生の少ない建材や工法を多用する)、**④建物の長寿命化**(維持保全と改修の実施や優れた建築の継承)、の4つの手段に分けることができます。建築ではこの4手段を実践していけば、確かに脱炭素の効果が表れてきます。

この4手段ですが、よく考えると、脱炭素という効果だけではなく、ほかにも有益な効果があると予想されます。例えば7章で触れますが、①の外皮の断熱化には、暖房負荷削減による省エネ効果のほかに、冬期の室温を高め居住者の健康を増進するという効果があります。③の木造化も、CO_2発生の削減以外に中高層の木造建築や市街地を造り上げ都市を刺激し、地方の林産業や製材業を活性化させます。つまり、上記の4手段は、脱炭素はもちろんそれ以外の社会にとって好ましい効果(+α)も包含した手段と考えることができます。ですから、この4手段が施された建物は「持続可能性(サステナビリティ)」が高い建築と称されます。

図4-4 持続可能性が高い建物と脱炭素の4手段

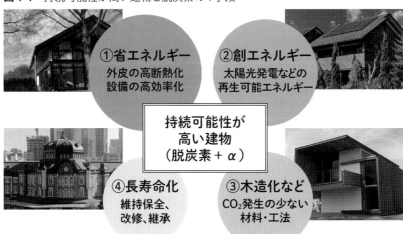

①省エネルギー
外皮の高断熱化
設備の高効率化

②創エネルギー
太陽光発電などの
再生可能エネルギー

持続可能性が
高い建物
(脱炭素＋α)

④長寿命化
維持保全、
改修、継承

③木造化など
CO_2発生の少ない
材料・工法

さて、上記の①と②については6章以下で解説しますので、ここでは③の木造化についてもう少し解説したいと思います。木造建築は世界中で昔から建てられていますので、「何をいまさら」と思う人も多いかもしれませんが、日本では1959年の伊勢湾台風の後、日本建築学会によって「防火、耐風水害のための木造禁止」とまで決議され（「糾弾」されたと言った方がよいかもしれない）、木造は戸建住宅などの小規模建築のカテゴリーだけに封じ込められてきました。そのような逆境が長く続いた木造建築ですが、研究者や技術者は、地球温暖化が世界的に問題視される以前から、木造建築の研究や技術開発を小規模ですが進めてきました。20世紀末頃から地球温暖化が問題視され、木材利用を進め植林を行えば大気中のCO_2の固定化が促進され、大気中のCO_2濃度の低減に繋がるという主張が広まると、世界は木造建築や木材利用に注目するようになりました。

　図4-5に、同一規模の建築であれば、木造建築がコンクリート造や鉄骨造の建築より建設時のCO_2発生量がかなり少ないことが示されています。表4-3はその際、計算に使用した材料の生産時のCO_2排出量です。これらの図表によって木造建築や木材利用は確かに脱炭素化に通じることを理解できます。

　しかし、現在、世界で生じている木造建築へのトレンドの背景は脱炭素という目的だけでは説明しきれません。筆者はこうしたトレンドの背後には、建築意匠の斬新さや建築技術上のチャレンジ精神を求める社会的風潮が控えていると考えています。木材が燃えやすく腐り

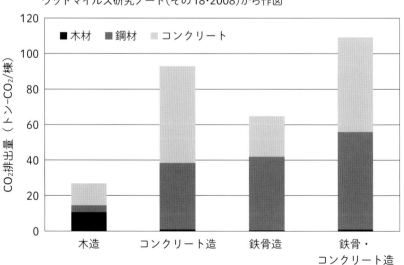

図4-5　構造材料だけの違いによる建設時CO_2排出量の違い
ウッドマイルズ研究ノート（その18・2008）から作図

表4-3 主要な構造材料の生産時CO_2発生量（出典：環境省、2016）

材料名	排出原単位		密度	重量あたりの排出原単位	体積あたりの排出原単位
	トン-CO_2	排出単位	kg/㎥	kg-CO_2/kgl	kg-CO_2/㎥
製材	0.138	1㎥あたり	400	0.345	138
合板	0.563	1㎥あたり	550	1.024	563
セメント	0.758	1トンあたり	3150	75.800	238,770
生コンクリート	0.316	1㎥あたり	2300	0.137	316
粗鋼（電気炉）	2.040	1トンあたり	7860	204.000	1,603,440
粗鋼（転炉）	0.711	1トンあたり	7860	71.100	558,846

やすいことくらいは建築や木材の専門家でなくても知っています。このように木材は建築材料としては不利な性質を多く有しています。しかし、こうした不利を承知で、不利を技術によって克服し、木や木材のテイストを意匠として表現するのが現代の木造建築であり、世界の建築家や建築技術者の間にこのような意識が広まりつつあります（図4-6参照）。

図4-6 高層・大規模木造建築へのチャレンジ

（上）：ウィーンのホッホプロジェクト（筆者撮影）
（左）：仙台の10階建の共同住宅［鉄骨＋CLT＋燃エンウッド］（出典：三菱地所）

5 ▶ 住まいにおける熱の様相

5-10 ▶ 住まいにおける熱の発生・移動と暑さ寒さの感覚

　ここからは、話題が住まいの中の熱と空気に絞られます。社会や行政の話は4章までで、5章からは原理やしくみなど、理系の話が大半になります。

　理系分野の最初のテーマは人間が感じる暑い寒いの感覚についてです。我々は冬暖かくて夏涼しく、且つ、エネルギー消費も少ない住まいを造ることを最終的な目標に掲げています。ですから、人間が暖かさ(あるいは暑さ)や涼しさ(あるいは寒さ)を感じるメカニズムについて、専門分野(温冷感の分野)の知見を知っておくべきです。もちろん、誰もが知っているように、「暑い寒い」を表す最も有名な指標は温度です。しかし、温度だけで「暑い寒い」は決定されるわけではありません。風速や湿度も「暑い寒い」に関係することは誰でも感じています。

　温冷感の分野は、温度や熱に関わる人体の様々なメカニズムについて研究する分野ですが、十分に解明が行われた分野というわけではありません。ですので、ここでは人体のメカニズムについては深入りせず、主に人体周囲の物理環境について話をしたいと思います。つまり図5-1に示すように、建物内に人間が居る状況を想定して、その状況における熱の発生や移動について考察します。

　人間の体温(体の深部の温度)は36.5℃であり、その体温を維持するために人体内部で熱が造られます。これを「代謝量」あるいは「産熱量」と称し、M(単位はW[ワット])とします。通常、この熱は①**対流**(熱伝導も含む)、②**放射**(人体からは長波放射だけが射出。周囲からは長波放射と短波放射の両方が入射)、③**蒸発**(汗などの水分)によって身体の表面から周囲へ放散されます。この現象は完全に物理現象であり、今やコンピューターシミュレーションを使えばかなり精密に解明できます。D = ① + ② + ③とおいて、MとDの大小関係を考えます。もし、$M = D$であれば、両者はバランス

図5-1 人体周囲における熱環境の様相

R：放射熱は角関係，温度と放射率の大小で変化する．
C：対流熱は風速・温度の大小で変化する．
E：水分蒸発量は湿度・風速の大小で変化する．
K：伝導熱は接している材料の熱伝導率と温度の大小で変化する
　　（通常は微量なのでCに含められる）．

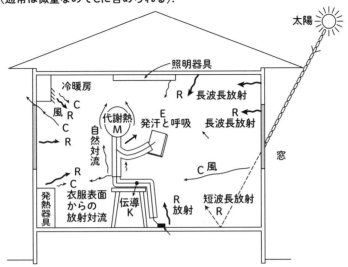

出典：「建築環境工学用教材・環境編」（日本建築学会．1995）

していますので、人体は熱的平衡状態を保てて、暑くも寒くも感じないことになります。しかし、*M* > *D*であれば、人体に熱が蓄積されることになりますので、「暑い」と感じることになります。逆に*M* < *D*であれば、「寒い」と感じることになります。

　結局、*M*と*D*を決定づける要素が人間の温冷感に影響する要素(温熱感覚要素)ということになります。このような要素には以下の6項目があり、a)〜b)が人体の状況に関する要素で、c)〜f)が人体周囲の環境に関する要素であります。

> **a) 代謝量、b) 着衣量、c) 気温、d) 平均放射温度[※07]、e) 相対湿度、f) 風速**

　上記の6要素を使用して、人間が感じる暑さ寒さを数値で表す研究が昔から行われてきました。その研究成果の中では「PMV」が最も有名です。PMV は "Predicted Mean Vote"(予測平均申告)の略で、デンマークのファンガー教授が提案したものです。なおPMVを6要素から計算する手順[※08]は複雑なのでここでは省略します。

　PMVは暑くも寒くもない状態(neutral)を0として、暑い側をプラスの数字で、寒い側をマイナスの数字で表したものです。PMVが優れ

※07
「平均放射温度」とは、近似的には、室を構成する壁・床・天井・開口部の表面温度を面積加重平均して算出した温度であると言えます。

※08
「PMV」の計算ソフトはインターネット上に無料ソフトがいくつかあります。例えば、http://news-sv.aij.or.jp/kankyo/s12/Resource/ap/PMV_cal/PMV_cal.htmからダウンロードできます。

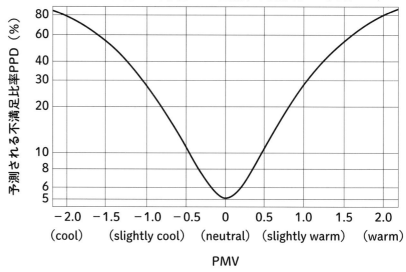

図5-2　PMV(予測平均申告)とPPD(予測不満足率)との関係
　　　出典:『空気調和・衛生工学便覧 1 基礎編』(空気調和衛生工学会、2010)

（グラフ縦軸）予測される不満足比率PPD（％）
（グラフ横軸）PMV

−2.0 (cool)　−1.5　−1.0 (slightly cool)　−0.5　0 (neutral)　0.5 (slightly warm)　1.0　1.5　2.0 (warm)

※09
「PPD」は 'Predicted Per-centage of Dissatisfied' の略語です。

た指標である理由は、**図5-2**に示すように、PMVがPPD(予測不満足率)[09]と関係づけられていることです。PPDとは、ある室に何人もの人が居た場合、その室の温熱環境を不満に感じる人の割合[%]のことです。**図5-2**から分かるように、PPDは、最低(PMV=0のとき)でも5%ですので、どんなに良好と思われる温熱環境でも5%の人は暑いとか寒いとか不満を感じているということを示しています。このように、温冷感には個人差が少なからずありますので、建築・空調の技術だけで全員が完璧に満足する温熱環境をつくりだすことは無理であるということになります。

　とはいえ、空調の分野では室内の温湿度を想定しなければ空調システムの設計を行えません。そこで常識的な室内温湿度条件が学会から提示され、設計が行われています。その条件は、事務所建築などでは冬は22℃40%、夏は26℃50%です。冬と夏では着衣量が異なりますので、室内条件も同一ではありません。住宅ではこの条件よりも冬は低め、夏は高めが実態でしょうが、設計目標としてはこの条件でよいと思います。

5-11 ▶ 住まいの伝熱物理

　冬暖かく夏涼しい快適な住まいを造るためには、「熱」や「温度」について定義や特徴を理解しておかねばなりません。「熱」とは一言でいえば、物質が保有する熱エネルギーのことです。エネルギーには、

図5-3　住まいにおける熱移動の状況

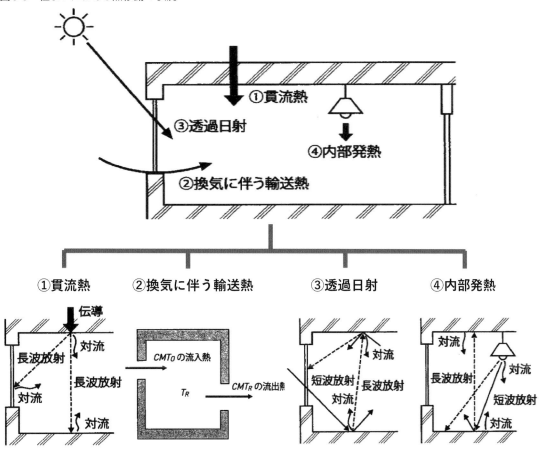

熱エネルギー以外にも、運動エネルギーや電磁波エネルギー、化学エネルギーなど様々なものがあります。そして、例えば「Aエネルギーから Bエネルギーに変換された」というように、変換が簡単に発生します。

　一方、「温度」とは物質を構成する原子や分子の活発さを表す指標みたいなものです。物質の温度が高いということは、物質の原子・分子は活発な状態なので周囲に「エネルギー」を放出します。これが熱の移動であり、理科の時間で習ったように、伝導、対流、放射の三形態があります。また物質には「蓄熱」といって熱を蓄える性質もあります。熱が蓄えられれば温度が上昇し、周囲にエネルギーを放出します。

　住まいを想定して熱移動の状況を考えてみますと、室内の熱移動は**図5-3**のように分類できます。すなわち、室内の熱移動は、**①貫流熱、②換気に伴う輸送熱、③透過日射、④内部発熱**に分けられます。なお、ここでは外から室内へ入り込む熱を「＋」で、反対に室内から流出する熱を「－」で表しています。また暖房や冷房は想定していませんし、

図5-4　貫流熱を簡略的に計算するためのモデル化と仮定

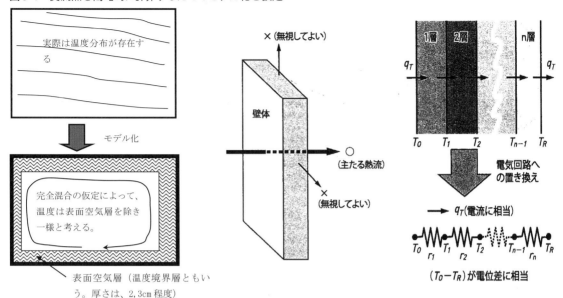

実際は温度分布が存在する

モデル化

完全混合の仮定によって、温度は表面空気層を除き一様と考える。

表面空気層（温度境界層ともいう。厚さは、2, 3cm程度）

1）表面空気層の想定による室内のモデル化

×（無視してよい）

壁体

○（主たる熱流）

×（無視してよい）

2）1次元壁体熱流の仮定

1層　2層　n層

q_T　　　　　　　　　　q_T

T_0　T_1　T_2　T_{n-1}　T_R

電気回路への置き換え

q_T（電流に相当）

T_0　r_1　T_1　r_2　T_2　T_{n-1}　r_n　T_R

(T_0-T_R)が電位差に相当

3）層状の壁体と相当電気回路

内装材や家具に蓄積されている熱(蓄熱)も省いています。エアコンの除湿や水蒸気の結露による凝縮熱も対象にしていません。

　図5-3の下にはそれぞれの熱が室内でどのような挙動を示すかも描かれています。①の貫流熱は建築外皮(屋根、外壁、窓など)から流入する熱のことですが、流入した熱は対流と長波放射によって室内の空気や内装・家具に伝えられます。②の換気に伴う輸送熱は換気(隙間風などの漏気も含む)によって室内が正味で取得する熱のことです。「正味で取得する」とは、換気によって室内は外気の熱が流入するだけでなく、室内から外へ流出もするので、「両者の差が室内の取得する正味の熱になる」ということです。③の透過日射は窓を通して室内に入り込む日射(短波放射)のことです。この日射の多くは床に入射して床面で吸収され床面の温度を高めたのち、さらに対流や長波放射の形で室内の空気等に熱を伝えます。④の内部発熱は室内に置かれた機器や在室者の人体から発せられる熱のことで、その挙動は③に似ています。

　以上のように、室内の熱移動の評価計算は実現象に忠実になろうとすればするほど複雑な計算になります。そこで、先人達はできるだけ簡単に室温や暖房負荷を計算したいと考え、これらの複雑な現象を簡略化することを考えました。現代でも貫流熱に対しては、**図5-4**の**1)**〜**3)**のようなモデル化や仮定を行って簡略的に計算するのが一般的

であり、それによって我々は外皮の熱性能を容易に計算しているのです。

　例えば、1)は室内の空気を内装面近くの表面空気層とそれ以外の内部の空気に分けて考えるモデル化です。これによって壁体の熱計算では、「室内側表面熱伝達率」と「一つの室温」という設定を使えるようになりました。2)は、貫流熱は壁体に対して垂直方向の1次元熱流だけを考えるという仮定です。これによって壁体には「熱貫流率」という単一の性能指標を定義することができます。3)は、外皮の熱貫流率を計算する場合、外皮を構成する建材を層状に重なるものと見立て、電気回路に類推させて計算するというモデル化です。この場合、構造材や金物などの補助材の影響は別途補正して考えることになりますが、この電気回路類推のモデル化によって熱貫流率の計算が大変スマートになりました。

6 ▶ 断熱と省エネルギー基準

6-12 ▶ 熱伝導率と断熱材

　近年では建築外皮を断熱することが当たり前になりました。外皮の断熱とは貫流熱を低減させることです。外皮断熱の効果は次節以降で説明することにして、ここでは外皮断熱にとって欠かせない建築用の断熱材について説明したと思います。

　理科の時間に習ったように、物質中の熱は熱伝導によって温度の高い方から低い方へ伝えられます。これを伝導熱と言います。外皮中を伝わる熱(貫流熱)は、隙間や空気層を想定すると伝導だけでなく対流や放射によっても伝えられますが、伝導のみで伝わると仮定して計算モデルが組み立てられます。前節の**図5-4の2)と3)**に示すような仮定などを行えば、蓄熱が無い状況では1層からn層までの各層における貫流熱は同一であり、**(1)式**(記号のサフィックスは図5-4の3)を参照)で表せます。

$$q_T = \lambda_1(T_0 - T_1) \diagup d_1 = \lambda_2(T_1 - T_2) \diagup d_2 = \quad \cdots\cdots (1)$$

　ここで、q_T＝断面1㎡当たりの貫流熱[W/㎡]、T＝層境界の温度[℃]、[※10] d＝層の厚さ[m]です。λは層の物質の熱伝導率[W/(m·K)]で、物質中の熱の伝わりやすさを表します。また$d/\lambda = r$とおけば、rは熱抵抗[㎡·K/W]となり、空気層における熱伝達(対流のよるものと放射によるものがある)にも適用できる概念になります。

　建築材料の熱伝導率について説明します。建築材料には多孔質な材料(コンクリートや木材など)と非多孔質な材料(金属やガラスなど)があります。このうち厳密な意味で熱伝導率を定義できる材料は非多孔質材料の方だけです。多孔質材料は固体部と微小な空隙(空隙には空気や水分が詰まっている)で構成されていますので、その熱伝導率は見かけのものです。その理由は材料中の微小な空隙においては対流と放射によっても熱が伝えられるからです。一方、非多孔質材料では純粋に熱伝導率を定

※10
国際単位系(SI)では温度の単位はケルビン(K)又はセルシウス温度(℃)を使用することになっています。後者に273.15を加えれば前者になることから分かるように、温度差であれば両者に違いはありません。日本では一般にはセルシウス温度を使用しますが、熱伝導率の単位[W/(m·K)]のように、温度差が必要な場合は「K」が使用される慣習になっていますので、温度差の単位として「℃」は使用されていません。

図6-1 建築材料の密度と熱伝導率

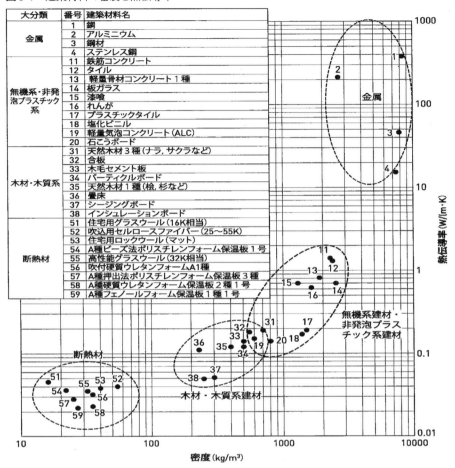

大分類	番号	建築材料名
金属	1	鋼
	2	アルミニウム
	3	鋼材
	4	ステンレス鋼
無機系・非発泡プラスチック系	11	鉄筋コンクリート
	12	タイル
	13	軽量骨材コンクリート1種
	14	板ガラス
	15	漆喰
	16	れんが
	17	プラスチックタイル
	18	塩化ビニル
	19	軽量気泡コンクリート(ALC)
	20	石こうボード
木材・木質系	31	天然木材3種(ナラ, サクラなど)
	32	合板
	33	木毛セメント板
	34	パーティクルボード
	35	天然木材1種(檜, 杉など)
	36	畳床
	37	シージングボード
	38	インシュレーションボード
断熱材	51	住宅用グラスウール(16K相当)
	52	吹込用セルロースファイバー(25〜55K)
	53	住宅用ロックウール(マット)
	54	A種ビーズ法ポリスチレンフォーム保温板1号
	55	高性能グラスウール(32K相当)
	56	吹付硬質ウレタンフォームA1種
	57	A種押出法ポリスチレンフォーム保温板3種
	58	A種硬質ウレタンフォーム保温板2種1号
	59	A種フェノールフォーム保温板1種1号

義できます。しかし、建築学の分野では両方の材料において、同じ「熱伝導率」という用語を使用します。

　主要な建築材料に対して、その密度をX軸に、熱伝導率をY軸に取ると、**図6-1**のような図が得られます。つまり熱伝導率はおおよそ密度に比例する傾向を示します。これは、空気の熱伝導率(20℃のとき0.026 W/(m·K))が固体のそれに比べると非常に小さいため、空気を沢山含む密度が小さい材料ほど熱伝導率が小さくなるからです。一般的に熱

図6-2 断熱材の通常写真と顕微鏡拡大写真(左がグラスウール、右が押出法ポリスチレンフォーム)／出典：断熱建材ガイドブック(断熱建材協議会：著)

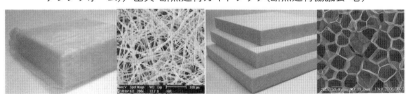

表6-1　主な建築用断熱材の熱伝導率、透湿性、施工方法

断熱材の名称（一般名）		熱伝導率[W/(m·K)]	透湿性	主な施工方法
無機繊維系	グラスウール	0.032〜0.050	高い	袋詰して挿入或いは敷きこむ
	ロックウール	0.038〜0.051		
有機繊維系	セルロースファイバー	0.04	高い	吹き込み工法
	インシュレーションボード	0.045〜0.052		板状にして張り付け
	エコ断熱材（羊毛・炭化コルク・麻・ペットボトル繊維）	0.05程度		袋詰して挿入或いは敷きこむ
発泡プラスチック系	ビーズ法ポリスチレンフォーム	0.034〜0.043	やや高い	板状にして張り付け
	押出法ポリスレンフォーム	0.028〜0.040	低い	
	硬質ウレタンフォーム	0.023〜0.026		板状貼り付け或いは吹き付け工法
	低密度ウレタン	0.04程度	高い	吹き付け工法
	ポリエチレンフォーム	0.038〜0.042	低い	板状にして張り付け
	フェノールフォーム	0.030〜0.036		
	高性能フェノールフォーム	0.02		

伝導率は断熱材のような疎な材料では小さく、コンクリートのような密な材料では大きくなります。因みにコンクリートの熱伝導率は1.4W/(m·K)ですので、0.04W／(m·K)程度の断熱材の35倍にもなります。ですから、詳しくは次節以降で説明しますが、断熱材を施工した外壁では施工しない外壁より貫流熱が大幅に低減されることが簡単に想像できます。

　このように建築用の断熱材は貫流熱を低減させる効果が認められ、今や世界中で使用されているわけですが、色々な種類のものがあります。表6-1に主要なものだけを掲げますが、大別すると、繊維系のもの（さらに無機と有機に分かれる）と発泡プラスチック系のものに分かれます。図6-2は断熱材の写真ですが、繊維系断熱材を代表してグラスウールが、プラスチック系断熱材を代表して押出法ポリスチレンフォームが掲載されています。顕微鏡拡大写真の方を見ると、グラスウールの繊維や発泡プラスチックの気泡がしっかりと認められます。断熱材は、空気をこの写真のような微小な空隙や孔（数10μmサイズ）に封じ込めることによって、見かけの熱伝導率が小さくなるように設計された建築材料と言えます。

6-13 ▶ 省エネ基準における外皮の断熱性・日射遮蔽性の評価基準

　日本では建築物省エネ法で定めた省エネ基準に従って、住宅の外皮を断熱することと日射遮蔽することが定められています。外皮の断

図6-3 外皮平均熱貫流率(U_A)の計算方法

熱的境界となる部位	面積	熱貫流率	温度差係数	貫流熱損失
屋根	A_1	U_1	H_1	$A_1 \cdot U_1 \cdot H_1 = q_1$
天井(小屋裏あり)	A_2	U_2	H_2	$A_2 \cdot U_2 \cdot H_2 = q_2$
外壁	A_3	U_3	H_3	$A_3 \cdot U_3 \cdot H_3 = q_3$
窓	A_4	U_4	H_4	$A_4 \cdot U_4 \cdot H_4 = q_4$
ドア	A_5	U_5	H_5	$A_5 \cdot U_5 \cdot H_5 = q_5$
床(床下空間あり)	A_6	U_6	H_6	$A_6 \cdot U_6 \cdot H_6 = q_6$
基礎外周・土間床	A_7			
	周長	線熱貫流率		
	L	ψ	H_7	$A \cdot \psi \cdot H_7 = q_7$

外皮部位面積の合計 = ΣA_i

貫流熱損失の合計 = Σq_i

外皮平均熱貫流率
$U_A = \Sigma q_i \div \Sigma A_i$

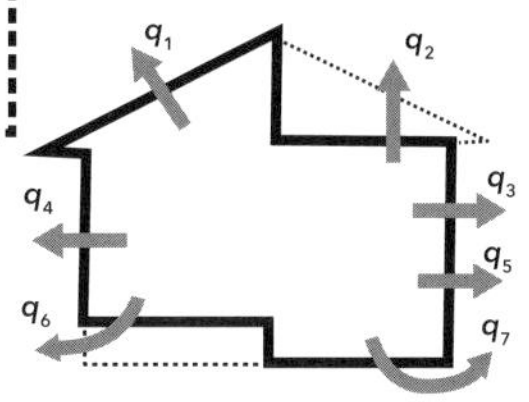

図6-4 冷房期の平均日射熱取得率(η_{AC})の計算方法

熱的境界となる部位	面積	冷房期の垂直面日射熱取得率	日除けによる補正係数	方位係数	日射熱取得
			冷房において		
屋根	A_1	η_1		ν_1	$A_1 \cdot \eta_1 \cdot \nu_1 = h_1$
天井(小屋裏あり)	A_2	η_2		ν_2	$A_2 \cdot \eta_2 \cdot \nu_2 = h_2$
外壁	A_3	η_3		ν_3	$A_3 \cdot \eta_3 \cdot \nu_3 = h_3$
窓	A_4	η_4	f_4	ν_4	$A_4 \cdot \eta_4 \cdot f_4 \cdot \nu_4 = h_4$
ドア	A_5	η_5		ν_5	$A_5 \cdot \eta_5 \cdot \nu_5 = h_5$
床(基礎外周・土間床も含む)	A_7				

方位別に計算

外皮部位面積の合計 = ΣA_i

日射熱取得の合計 = Σh_i

外皮平均日射取得率(冷房期)
$\eta_{AC} = \Sigma h_i \div \Sigma A_i$

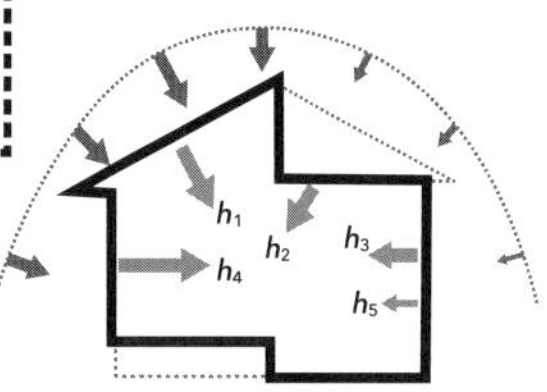

熱性は「外皮平均熱貫流率」(U_A[W/(㎡·K)]で表す)という指標で、日射遮蔽性は「冷房期の平均日射熱取得率」(η_{AC}[%]で表す)という指標で評価され、基準値が定められています。

　U_Aは、**図6-3**に示すように、外皮の熱貫流率(U[W/(㎡·K)])を当該の外皮面積で加重平均したものです。材料が層状に重なっている外壁や屋根などの部位においては、熱貫流率Uは6-12の(1)式から導かれ、(2)式となります(rは層の熱抵抗)。

$$U = 1 / (r_1 + r_2 + \cdots\cdots + r_n) \quad \cdots\cdots(2)$$

　窓などの開口部のUの数値は、実験室における測定、もしくは、精緻なシミュレーションに基づいて得られます。

　一方、η_{AC}は、冷房期間中に建物に入射する日射熱のうち、建物内に入り込む熱を比率で示したものです。**図6-4**に示すように、日射は外皮面の方位によって入射量が大きく異なりますので、同じ部位でも方位別に計算し、合計して建物内に入り込む日射熱を算出します。方位による日射量の差異は方位係数(νで表し、予め標準気象データ[※11]から計算されたものが用意されている)で考慮されます。各部位の冷房期日射熱取得率(η_c)は、外壁などの不透明な部位であれば当該部位のUに0.034を掛けて得

※11
「標準気象データ」とは正しくは「拡張アメダス気象データ(EA気象データ)」の標準年気象データのことです。全国、約840地点の1981〜2020年の気象データが整備されています。標準年気象データとは、このデータソースから標準的な気候と見なせる毎月データを抜き出し人工的に1年分のデータにしたもので、1995年版、2000年版、2010年版、2020年版がありますが、それぞれ多少異なるデータになっています。詳しくはMetDS㈱のHP(https://www.metds.co.jp/)を参照されたい。

られます。ガラスなどの透明な部位であれば、測定値、もしくは、測定値を使用して得られる計算値になります。

　なお、U_Aおよびη_{AC}の計算において必要になる建材の熱伝導率、空気層の熱伝達率、開口部（窓とドア）の熱貫流率・垂直面日射熱取得率（庇などの補正を行う前の開口部の日射熱取得率）などの種々のデータは行政側がマニュアルなどでオーソライズしたものを用います。新規に開発されたものなどでオーソライズされていないものは、行政の窓口に問い合わせることになります。

　住宅性能表示制度の断熱等性能等級の基準値を**表6-2**に示します。断熱性能の基準値はU_Aの値で、日射遮蔽性能のそれはη_{AC}の値で提示されています。等級4が建築物省エネ法における適合基準に相当します。また、等級5〜7（トーンがついた欄）は2022年の改正で新たに制定されたもので、高断熱住宅を評価するための等級になっています。この等級7の基準値（5〜7地域）はU_A = 0.26W/(㎡·K)ですが、これは断熱先進国と言われているドイツ政府の基準値のU = 0.37W/(㎡·K)よりもかなり小さく、適合義務が課せられた基準値ではありませんが、世界的にもレベルの高い断熱基準値になっています。

　ところで、U_Aに比べると、η_{AC}は注目度が低いように感じられます。住宅の設計や営業の関係者の間では、U_Aについては頻繁に話題になりますが、η_{AC}が話題になることはほとんどないと思います。この理由は、第一にη_{AC}の基準値がそれほど厳しくないことにあると思います（**表6-2参照**）。ですから、U_Aの基準値を満たすように断熱設計を行えば、屋根や天井は当然、断熱されるので、特別に日射遮蔽の設計や対策を施さなくても、η_{AC}の方は自然に基準値を満たすケースが多いものと推測されます。また二番目の理由として、窓の日除け対策は、ブラインドの取り付けなど、建物が建った後でも実施できるものが多いので、外皮の断熱などに比べれば、設計段階でのチェックが厳しくないのかもしれません。

表6-2 住宅性能表示制度における断熱等性能等級（U_Aおよびη_{AC}）基準値

U_A[W/(m2·K)]の基準値（基準値以下が基準適合）						
等級の区分	等級2	等級3	等級4	等級5	等級6	等級7
基準値のリファレンス	1980年基準	1992年基準	建築物省エネ法	ZEH要件外皮強化	HEAT20 G2水準	HEAT20 G3水準
地域区分 1·2地域	0.72	0.54	0.46	0.40	0.28	0.20
3地域	1.21	1.04	0.56	0.50	0.28	0.20
4地域	1.47	1.25	0.75	0.60	0.34	0.23
5·6地域	1.67	1.54	0.87	0.60	0.46	0.26
7地域	2.35	1.81	0.87	0.60	0.46	0.26
8地域						

η_{AC}[%]の基準値（基準値以下が基準適合）						
等級の区分	等級2	等級3	等級4	等級5	等級6	等級7
基準値のリファレンス		1992年基準	建築物省エネ法	建築物省エネ法	建築物省エネ法	建築物省エネ法
地域区分 1～4地域						
5地域		4.0	3.0	3.0	3.0	3.0
6地域		3.8	2.8	2.8	2.8	2.8
7地域		4.0	2.7	2.7	2.7	2.7
8地域			6.7	6.7	5.1	

地域の区分

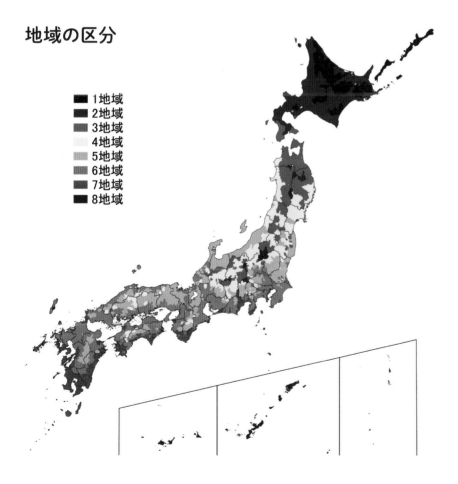

- 1地域
- 2地域
- 3地域
- 4地域
- 5地域
- 6地域
- 7地域
- 8地域

7 ▶ 高断熱住宅の目的と効果

7-14 ▶ 高断熱住宅の必要性
（「良い暮らし」と「省エネ・脱炭素」）

　現代では世界の多くの地域において、住宅外皮には高い断熱性が必要であると考えられています。勿論、寒冷地の方がその傾向が強いわけですが、比較的温暖な地域でも断熱性は必要だという考え方が浸透しています。ここでは、高断熱住宅の目的や必要性について示しますが、その前に外皮断熱の効果から考察してみます。

　外皮断熱の効果は、既述のように外皮の貫流熱を減少させることですが、貫流熱の減少による効果や影響は、外気温や室内の暖冷房の状況によって異なりますので、少し注意して考えなければなりません。外皮断熱による貫流熱の減少がもたらす効果や影響は、以下の①〜④に示すように場合分けして考えると、正しい理解ができます。

　①冬に外気温がかなり低いために暖房が室温（適温）を維持する状況であれば、外皮の高断熱化は貫流熱を減少させることによって暖房負荷を大幅に減少させる。

　②暖房がない場合でも室内発熱や日射の入射（窓ガラスから室内への）があれば、高断熱化は室温（自然室温）を上昇させるので、冬や春秋の少し寒いときには室温を適温に近づける。

　③春秋のやや暖かいときに、②の現象が発生すればオーバーヒート状態になり、冷房が必要になる。即ち、高断熱化は少量の冷房負荷を発生させることになる。

　④盛夏において外気温が室温（冷房により適温である）より高い状況では、高断熱化は貫流熱を減少させるので、冷房負荷も減少させる。

従来（凡そ20世紀まで）、断熱の効果は①と④の効果（暖冷房負荷の削減効果）

図7-1　高断熱住宅の二つの目的（良い暮らしと省エネ）

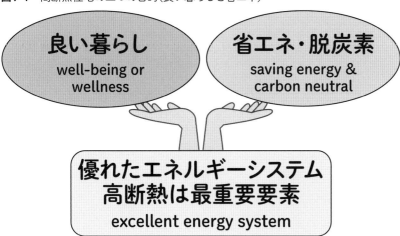

だけに関心が集まっていましたが、21世紀に入るころから、①と②
の効果による「省エネで且つ冬も暖かい住まい」に関する調査・研究
が行われ、そのような住まいが健康にも良い効果をもたらし、無断熱
の冬寒い住宅に比べれば圧倒的に「良い暮らし」に貢献することが知
られるようになりました。結局、外皮の高断熱化は、**図7-1**に示すよ
うに、「良い暮らし」**（②の効果）**と「省エネ・脱炭素」**（①と④の効果）**を
もたらすことが理解され、現在では世界中でその必要性が認められ
ているのです。

　なお、冬に暖かい住まいで暮らすことが高血圧の緩和や風邪の予
防などに繋がり、居住者の健康に良い効果をもたらすことについては、
本書では詳細を省略しますが、何人もの研究者が既にその事実を実証
しています。[12]このような成果を背景にして、WHO（世界保健機関）も温帯・
寒帯気候に属する地域では、人々の健康と安全を守るために「冬期の

※12
例えば、伊香賀俊治ほか
著『すこやかに住まう、す
こやかに生きる』慶應義
塾大学出版会,2017.6を
参照してください。

図7-2　WHOの健康維持室温は18℃（出典：WHOホームページ）

Topic	Recommendation	World Health Organization
Crowding	Strategies should be developed and implemented to prevent and reduce household crowding.	
Indoor cold and Insulation	Indoor housing temperatures should be high enough to protect residents from the harmful health effects of cold. For countries with temperate or colder climates, 18°C has been proposed as a safe and well-balanced indoor temperature to protect the health of general populations during cold seasons.	
	In climate zones with a cold season, efficient and safe thermal insulation should be installed in new housing and retrofitted in existing housing.	

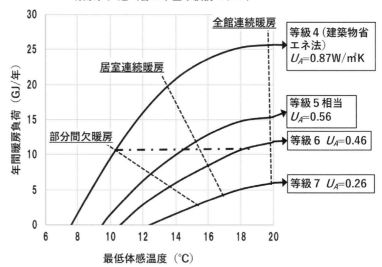

図7-3 ボンボリの図(U_Aと暖房モードから最低体感温度と年間暖房負荷を求める）

東京、戸建（省エネ基準検討モデル）

全館連続暖房

等級4（建築物省エネ法）
U_A=0.87W/㎡K

居室連続暖房

等級5相当
U_A=0.56

等級6 U_A=0.46

部分間欠暖房

等級7 U_A=0.26

年間暖房負荷（GJ/年）

最低体感温度（℃）

※13
『HEAT20設計ガイドブック2021』（一社）20年先を見据えた日本の高断熱住宅研究会, 建築技術, 2021.6を参照してください。

室温は18℃」を提案しています。また「そのためには効果的で安全な外皮断熱が新築とリフォームの両方で行われるべきである」と助言しています**（図7-2参照）**。

　上述のように、高断熱住宅の効果は「良い暮らし」と「省エネ・脱炭素」の二つがありますので、この二つを評価する定量的な指標を設定し、図やグラフで表示すればさらに理解が深まると考えられます。これを実際に行ってみたのが、HEAT20委員会が提案する「ボンボリの図[※13]」と呼ばれるものです。この図は、暖冷房負荷シミュレーションの出力を多数集めて作成されますが、その一例（6地域・戸建住宅の図）を**図7-3**に紹介します。ボンボリの図では、X軸に「良い暮らし」を代表する「冬期の最低体感温度」が、Y軸に「省エネ・脱炭素」を代表する「年間暖房負荷」が目盛られ、両者の関係が断熱性（U_A値）と暖房モードをパラメータとして描かれています。この図を使えば、等級6の住宅（高断熱）では、等級4の住宅（普通の断熱）の部分間欠暖房（普通の暖房モード）での年間暖房負荷と同程度の暖房負荷でもって、最低室温が18℃以上の健康で安全な環境を得られることを読み取ることができます（図中の一点鎖線を参考）。

7-15 ▶ 高断熱住宅の効果と造り方

　高断熱住宅の効果については前節で少し紹介しました。しかし、ボ

図7-4 高断熱化による各地域の年間暖冷房負荷の削減（シミュレーション）

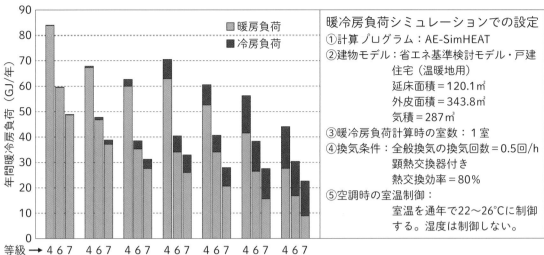

暖冷房負荷シミュレーションでの設定
① 計算プログラム：AE-SimHEAT
② 建物モデル：省エネ基準検討モデル・戸建住宅（温暖地用）
　　延床面積＝120.1㎡
　　外皮面積＝343.8㎡
　　気積＝287㎡
③ 暖冷房負荷計算時の室数：1室
④ 換気条件：全般換気の換気回数＝0.5回/h
　　顕熱交換器付き
　　熱交換効率＝80%
⑤ 空調時の室温制御：
　　室温を通年で22〜26℃に制御する。湿度は制御しない。

ンボリの図では省エネ効果が暖房負荷だけで表されていたので、冷房負荷も含めるとどうなるのか、やや気になります。そこで冷房負荷（顕熱のみ）も含めた暖冷房負荷シミュレーションを行った結果を**図7-4**に示します。ただし、このシミュレーションでは、ボンボリの図の時のシミュレーションとは設定条件が異なりますので（暖冷房室温と断熱部位が異なる）、年間暖房負荷はボンボリの図のそれより大きな数値になっています。しかし、暖房と冷房の比率や断熱性の影響などの相対的な傾向についてはほぼ正しく表現されているものと思われます。この図から、年間冷房負荷について、寒冷地（北見と岩見沢）では高断熱住宅（等級6と7）でも非常に小さいこと、温暖地（岡山と宮崎）ではその比率が高くなるが高断熱になっても小さくはならないこと、などを確認できます。結局、高断熱化による効果は年間暖房負荷には強く現われますが、年間冷房負荷にはそれほど現れないということが分かります。

　次に、どのような断熱仕様で高断熱住宅を設計するか、具体的に考えてみます。高断熱住宅の設計には様々手法がありえると思いますが、ここでは現在の政府基準であり各部位の断熱仕様も提示されている等級4を起点にして、そこから各部位の断熱性をバランスよく高めていく手法によって、等級5, 6, 7の U_A 基準値を満たす熱貫流率（各部位の U 値）を、試行錯誤しながら見つける手法を採用しました。

　6地域において上記の手法によって定めた各部位の U 値を**表7-1**に示します。なおここでは建物内の空間を広くするために、建物の上部は屋根断熱を、下部は基礎・土間断熱を想定して計算を行っています。

※14
図7-4において選定した都市は、以前は1〜7地域における代表都市でありました。しかしながら、2019年の9月に省エネ基準の地域区分に関わる改定が行われ、北見は1地域から2地域に変更されました。ですから、本来であれば1地域を代表する都市を選び直してシミュレーションをやり直すことが必要であると思われます。

表7-1 6地域の高断熱等級におけるU値とU_A値

部位名		面積A[㎡]	温度差係数H	熱貫流率U[W/(m²K)]			
				等級4	等級5	等級6	等級7
屋根		73.88	1.0	0.257	0.220	0.205	0.205
外壁		155.63	1.0	0.530	0.530	0.322	0.141
開口部		32.22	1.0	4.650	2.330	2.200	1.070
基礎・土間	基礎外壁	14.2	1.0	0.887	0.765	0.343	0.263
		67.90		線熱貫流率Ψ[W/(m·K)]			
	土間部分 周長L[m]			等級4	等級5	等級6	等級7
		35.49	1.0	0.635	0.553	0.372	0.319
外皮合計面積		343.83	U_A計算値	0.833	0.594	0.449	0.252
延床面積		120.07	U_A基準値	0.870	0.600	0.460	0.260

図7-5 6地域の高断熱等級における熱損失の内訳

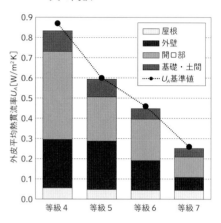

表7-2 6地域の断熱等級7の基準値(U_A値=0.26W/(m²k))を満たす仕様の例

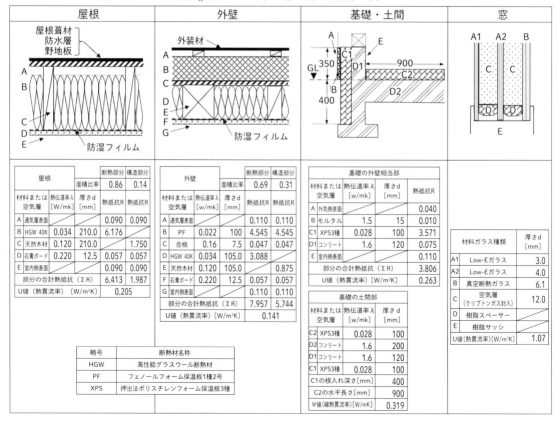

屋根

屋根			断熱部分 0.86	構造部分 0.14
			面積比率	
材料または空気層	熱伝導率λ[W/mk]	厚さd[mm]	熱抵抗R	熱抵抗R
A 通気層表面			0.090	0.090
B HGW 40K	0.034	210.0	6.176	
C 天然木材	0.120	210.0		1.750
D 石膏ボード	0.220	12.5	0.057	0.057
E 室内側表面			0.090	0.090
部分の合計熱抵抗（ΣR）			6.413	1.987
U値（熱貫流率）[W/m²K]			0.205	

外壁

外壁			断熱部分 0.69	構造部分 0.31
			面積比率	
材料または空気層	熱伝導率λ[W/mk]	厚さd[mm]	熱抵抗R	熱抵抗R
A 通気層表面			0.110	0.110
B PF	0.022	100	4.545	4.545
C 合板	0.16	7.5	0.047	0.047
D HGW 40K	0.034	105.0	3.088	
E 天然木材	0.120	105.0		0.875
F 石膏ボード	0.220	12.5	0.057	0.057
G 室内側表面			0.110	0.110
部分の合計熱抵抗（ΣR）			7.957	5.744
U値（熱貫流率）[W/m²K]			0.141	

基礎の外壁相当部

材料または空気層	熱伝導率λ[w/mk]	厚さd[mm]	熱抵抗R
A 外気側表面			0.040
B モルタル	1.5	15	0.010
C1 XPS3種	0.028	100	3.571
D1 コンクリート	1.6	120	0.075
E 室内側表面			0.110
部分の合計熱抵抗（ΣR）			3.806
U値（熱貫流率）[W/m²K]			0.263

基礎の土間部

材料または空気層	熱伝導率λ[w/mk]	厚さd[mm]
C2 XPS3種	0.028	100
D2 コンクリート	1.6	200
D1 コンクリート	1.6	120
C1 XPS3種	0.028	100
C1の根入れ深さ[mm]		400
C2の水平長さ[mm]		900
Ψ値（線熱貫流率）[W/mK]		0.319

材料ガラス種類		厚さd[mm]
A1	Low-Eガラス	3.0
A2	Low-Eガラス	4.0
B	真空断熱ガラス	6.1
C	空気層（クリプトンガス封入）	12.0
D	樹脂スペーサー	
E	樹脂サッシ	
U値（熱貫流率）[W/m²K]		1.07

略号	断熱材名称
HGW	高性能グラスウール断熱材
PF	フェノールフォーム保温板1種2号
XPS	押出法ポリスチレンフォーム保温板3種

図7-5は、表7-1に示したU値を使って求めた熱損失量（内外温度差および外皮面積あたり）の内訳を等級別に比較したものです。図7-5において等級4の内訳を見ると、開口部（窓と外部ドア）からの熱損失が最大で、その次は外壁からの熱損失になっています。ですから、高断熱住宅の仕様にするには、開口部、外壁の順に高断熱仕様に変更していけばよいと判断できます。

表7-2は、表7-1に示した等級7の部位のU値に合致する仕様を断面図で示したものです。勿論、こうした仕様は一例ですので、他にも上記のU値に合致する（またはこのU値より小さくなる）仕様は多数存在します。また、屋根と外壁の仕様については、U値の基準値を満足させるだけでは不十分です。法令に示されている防露性能（次節以降で説明します）と防火性能に対するチェックも必要になります。なお表7-2に示す仕様については、以下に簡単な説明を加えておきます。[15]

① 屋根は垂木間を210mmのHGWで充填断熱し、野地板の下に通気層を設ける。

② 外壁は、105mmのHGW充填断熱の外側に構造用合板を介してPF100mmの付加断熱を行う。この付加断熱によって合板は冬も夏も室温に近い温度になるので、HGWでの結露危険性は低下し防露性が担保される。

③ 基礎・土間は100mmのXPSを用いた標準的な断熱仕様である。

④ 窓は三層ガラスで、且つ、二つの層間スペースにはクリプトンガスが封入されている超高断熱な仕様である。ガラス層は、外側の二層（枚）がLow-Eガラス、内側の一層が真空ガラス（微小な真空スペースを有する二枚ガラス）なので、ガラス板の合計枚数としては4枚である。

※15
断熱材の名称は長い名称が多いので、アルファベットの略名を用いて簡略化しています。表7-2の下にも書かれていますが、主な断熱材には以下のような略名が使われています。GW（グラスウール）、HGW（高性能グラスウール）、RW（ロックウール）、CF（セルロースファイバー）、XPS（押出法ポリスチレンフォーム）、EPS（ビーズ法ポリスチレンフォーム）、PUF（硬質ウレタンフォーム）、PF（フェノールフォーム）、PE（ポリエチレンフォーム）などです。

8 ▶ 木造外皮の断熱・気密・防露

8-16 ▶ 木造外皮における 断熱・気密・防露の考え方

　現在では住宅の高断熱化は世界中で認知されていると言っても過言ではないのですが、日本ではこのような認識が確立されるまでにかなりの誤解と混乱がありました。その誤解と混乱の多くは、気密と換気の関連性や、断熱材と気密・結露の関係に関するものでした。ここでは紙幅の制約上、その誤解・混乱などの詳細については省略し、結論的な考え方だけを単刀直入に紹介します。

　建築外皮に対して要求される性能は一般的には**表8-1**に示すように整理されます。外皮(特に木造外皮)の高断熱化ということに焦点を当てれば、この表の中では気密・断熱・防露・通気が対象とすべき性能項目となります。防露と通気が着目される理由は、壁体の劣化を防止する上でこれらが防水や防蟻と共に重要になるからです。

　次にこの表では「外皮に求める性能」と「換気」とが峻別されていますが、これは現実的な外皮を設計する上で重要なポイントになります。換気は、換気口やダクトを用いて対応するということにすれば(このことは現在では当たり前になっています)、外皮は気密化してもよいことになります。また断熱材は、一般に壁体を気密化することによって最大の断熱効果を発揮することができます。それゆえ、高断熱化が求められる現代の住まいにおいては、壁体を気密化して断熱効果を高めることが必須事項になるわけです。防露と通気については次節以降で解説しますので、ここでは以下、気密性を確保する工法と気密性の測定方法について述べます。

　日本の木造住宅は軸材を組んで壁体を造りますので、気密性を高めることを意図して施工しない限り、壁体の中には多くの隙間が存在します。しかもその隙間は至る所で外気に通じていますので、冬期には壁体の中を冷たい外気が流れてしまいます。この気流を「壁内気流」

表8-1 外皮（特に木造外皮）に要求される性能と目的（右図は参考図）

対象要素	要求される性能	目的	
外皮	気密	漏気（外気侵入）の防止	省エネ
	断熱	熱損失の防止	
	防露	劣化の防止（耐久性の向上）	
	通気（外装材内側）		
	防水		
	防蟻		
	防火	火災の防止	
	防音	騒音侵入の防止	
	耐震・耐力	震災等の防止	
換気システム	換気量	室内汚染物質の排出と新鮮外気の補給	

（参考図中のラベル）湿気の排出／外皮（外壁など）／換気口あるいは換気ダクト（換気システムの一部）／換気／気密／断熱／防露／通気／防水／防蟻／防火／防音、耐震・耐力／外装材／通気層／内装材

と言います**（図8-1の左図）**。壁内気流が発生すれば壁体中に断熱材を挿入しても断熱性を高めることはできませんので、壁内気流を防止するような部材（気流止め）を要所に施工しなければなりません**（図8-1の右図）**。反対に壁内気流が発生しない壁体でつくられた建物は気密性が高い建物になります。

　建物の気密性は図面などの設計図書から評価することが非常に難しいので、建設された（あるいは建設中の）建物における実測だけが定量的な評価方法となります。**図8-2**は気密性の実測において使用される測定方法と測定機器を示していますが、この方法は「JIS A2201」として既に確立されているものです。ですから、この測定方法に従って測定を行えば、外皮の気密性を評価する指標であるC値（相当隙間面積）が得られます。C値は、外皮の全ての隙間を面積で計量したと仮定したとき、その総面積を延床面積で除した数値のことです。

　1999年の省エネ基準においては外皮の気密性の基準も示され、C値が寒冷地では2cm²/㎡以下、温暖地では5cm²/㎡以下という基準値が提示されていました。しかし、C値は図面からの判定が困難という理由で、現在の省エネ基準では気密性に関する基準がありません。しかし、過去にC値の基準値を示したことによって木造住宅の生産者の間では気密性が意識されることになり、その結果として、現在の木造住宅は気密性がそれなりに高いものと推定されています。なお、阪神・淡路大震災以降、耐震性向上のために合板などが多用され出したこと

図8-1　木造住宅における壁内気流(左図)の発生と気流止め(右図)の例
　　　／出典:平成25年省エネ基準マニュアル(国交省)

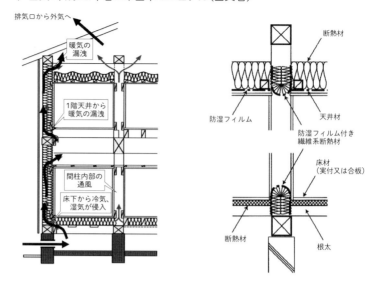

図8-2　建物気密性の測定方法(JIS A2201)と測定機器(右の写真)

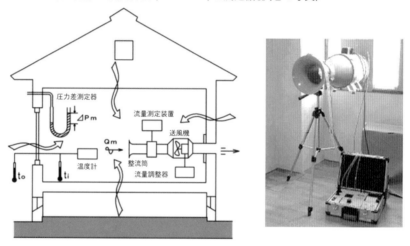

も、気密性を高める一因になったものと推測されています。

8-17 ▶ 木造外皮の冬期内部結露に対する定常計算評価

　建築の結露については、表面結露(壁体の表面で発生)と内部結露(壁体の内部で発生)に分けて論じられることが多いと思いますが、どちらも水蒸気が凝縮して液体の「水」に相変化する現象です。湿り空気(水蒸気を含んだ空気のこと)において、相対湿度が100%に達し、凝縮が始まる水蒸気圧を飽和水蒸気圧と言います。周知のように飽和水蒸気圧は温度

図8-3 冬期の内部結露による劣化
／写真提供：鈴木大隆

図8-4 定常内部結露計算におけるモデル

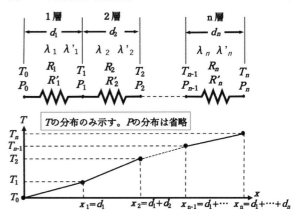

の低下と共に低下するという法則に従いますので、一般には温度が低いほど水蒸気は凝縮する確率が高いと言えます。ですから、外気が低温になる冬期が、一番結露が発生しやすい季節であると言えます。**図8-3**に示す写真は冬期に発生した結露による木造建物の劣化を示しています。しかし夏期も冷房を行えば相対的に低温となる領域ができますので、結露には注意が必要です。

　以上の記述から推察できるように、建築の結露には様々なタイプを想定できます。そこで、本書では原因を簡単に推定できる表面結露は省略し、内部結露についてだけ解説することにします。まず、木造外皮における冬期の内部結露について論じますが、問題を単純にするために、前節で触れた「壁内気流」は発生しないことを仮定します。そうすると、外皮における熱と水蒸気の移動は「貫流」という現象だけで生じ、建材中の移動は「伝導」だけで表すことができます。さらに建材の熱容量と吸放湿性を無視すれば、外皮が層状の建材で構成されている場合は、熱移動と水蒸気移動は電気回路(図5-4の3)を参照)に見立てて取り扱うことができます。

　結局、上記の状況は**図8-4**の上に示す図が良い模式図になります。この状況を熱についてだけ示せば、以下に示すn本の式が得られます。

$$T_1 = T_0 - q_T \diagup \lambda_1 \cdot d_1 、\ T_2 = T_1 - q_T \diagup \lambda_2 \cdot d_2 \cdots 、\ T_n = T_{n-1} - q_T \diagup \lambda_n \cdot d_n \quad \cdots\cdots(3)$$

　ここで、$q_T = (T_0 - T_n) \diagup R_T$、$R_T = R_1 + R_2 + \cdots + R_n$ です。距離xを横軸に、温度Tを縦軸に取って、(3)式を示すと、**図8-4**の下図のような折れ線グラフが得られます。水蒸気圧(P_i[Pa]で表す)についても同じタイプの式が得られますが、省略します。R_i層(i＝層の番号)が建材(シート類を除く)

表8-2 建材の物性値と空気層の特性値、及び、温湿度条件

材料名	d	λ	λ'	R	R'
「通気層＋外壁外装材」：通気層カテゴリーⅢ				0.110	0.00260
A種フェノールフォーム保温板1種2号	100.0	0.022	1.50	4.545	0.06667
合板	7.5	0.160	1.11	0.047	0.00676
高性能グラスウール40K	105.0	0.034	170.00	3.088	0.00062
プラスチック系防湿フィルムB種					0.14400
石膏ボード	12.5	0.220	39.70	0.057	0.00031
室内側表面（外壁）				0.110	0.00002
記号と単位	d=材厚[mm]　λ＝熱伝導率[W/(mK)]　λ'＝透湿率[ng/(msPa)] R＝d/λ＝熱抵抗[m²K/W]　R'＝d/λ'＝透湿抵抗[m²sPa/ng]				

室内	温度	15℃
	相対湿度	60%
外気	温度[℃]	建設地の最寒月の平均気温
	相対湿度	70%

地域の区分	2 (旧区分では1)	2	3	4	5	6	7
代表的な都市	北見	岩見沢	盛岡	長野	宇都宮	岡山	宮崎
最寒月(1月)の平均気温	-8.6	-5.4	-1.7	-0.7	2.7	5.0	7.9
	拡張アメダス気象データ2001-2010の標準年						

のときは、$R_i = d_i／\lambda_i$、$R'_i = d_i／\lambda'_i$であり、空気層やシート類のときは、R_iとR'_iは数値が直接与えられます。なお、$d_i = i$層の厚さ[m]、$R_i = i$層の熱抵抗[m²K/W]、$R'_i = i$層の透湿抵抗[m²sPa/ng]、$\lambda'_i = i$層の透湿率[ng/(msPa)]、です。

このようにして壁体の内部の温度Tと水蒸気圧P[注16]の分布が折れ線グラフで計算されます。また温度Tからは近似式を用いれば飽和水蒸気圧P_S[注17]を計算できます。そして、PとP_Sを壁体内部全体で比較し、至る所で$P < P_S$が成立すれば結露は発生しないと判定します。このような評価方法は、住宅性能表示制度においても「内部結露計算（一次元・定常）」として認められていますので、高断熱住宅の防露設計においても大いにこの手法を用いるべきでしょう。

上記の内部結露計算の事例を**図8-5**〜**図8-7**に示します。これらは**表7-2**に示した高断熱外皮（等級7の断熱仕様）の外壁と屋根に関する計算例です。計算に使用した建材の物性値と温湿度条件を**表8-2**に示します。なお**図8-7**は**表7-2**のものから防湿フィルムを除いた仕様の結果です。図から分かるように、**図8-5**と**図8-6**では結露は生じませんが、**図8-7**ではグラスウールの外気側で結露が発生しています。冬期の内部結露は室内の水蒸気が外壁に透湿することが原因ですので、透湿性の高い断熱材を使用する場合は、室内側での防湿と外気側での透湿が防露対策のポイントになります。

※16
圧力の単位は、気圧も水蒸気圧もPa（パスカル）を用います。
1Pa=1N/m²、1hPa（ヘクトパスカル）100Paです。

※17
ある温度T[℃]における飽和水蒸気圧P_S[hPa]を求める近似式は、Sonntag式や松尾式（拙著『建築熱環境』、東京大学出版会、2011.10を参照）などいくつも存在します。
ここでは、より簡単な式として、以下のBoltonの式（−35〜＋35℃において成立）を紹介します。
$P_S = 6.112 \exp(17.67\ T/(T+243.5))$

図8-5 高断熱仕様の外壁（表7-2参照）における温度と
水蒸気圧の分布

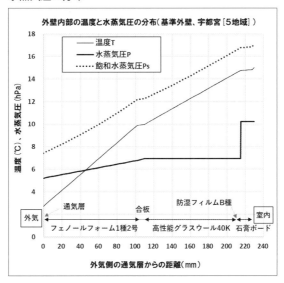

図8-6 高断熱仕様の屋根（表7-2参照）における温度と
水蒸気圧の分布

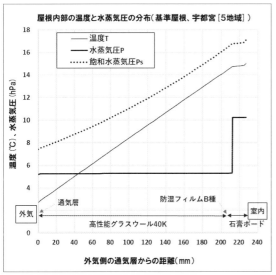

図8-7 高断熱仕様の屋根（ただし防湿フィルムなし）に
おける温度と水蒸気圧の分布

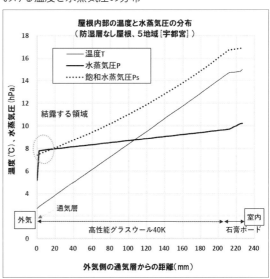

8-18 ► 木造外皮の夏期内部結露の発生メカニズム

　まず**図8-8**を見ていただきます。このグラフは**図8-9**に断面を示す屋根（高断熱仕様）の内部において実際に測定された温度と相対湿度の様相です。注目したいのは、**図8-8**の右側のグラフの相対湿度です。8月19日と20日の昼間の数時間の間、グラスウール（以下「GW」と略す）の室内側の相対湿度がほぼ100%になっていることです。この辺りでは結露が発生し、グラスウールの繊維には水滴が付いているものと想像できます。結露が発生していると思われる時間は4、5時間で、夜間は相対湿度が50%前後ですので、昼間の結露水は蒸発して消えているものと想像されます。ですから、このような結露（木造外皮における夏期の内部結露）は木材の腐朽や部材の劣化を著しく促進させる現象だとは考えられません。しかし、できれば発生させたくない現象と言えます。ところが、住宅性能表示制度の評価方法基準においては、冬期の内部結露に対しては防露仕様を要求していますが、夏期の内部結露に対しては防止や緩和の要求は何もありません。とは言うものの、夏期内部結露がどのようなメカニズムで発生するのかぐらいは知っていて損はないので、もう少しこのことについて詳しく述べます。

　建築材料には、水分をかなり含む材料とほとんど含まない材料があることはよく知られています。前者を吸放湿性材料、後者を非吸放湿性材料と言います。前者の典型は木材や木質系の建材で、後者はプラスチックやガラス、金属、石膏ボードなどが該当します。材料中の水分量は重量含水率（材料中の水分の重量を比率で示したもの）によって表します。重量含水率は、平衡する相対湿度が高くなればなるほど増大しますの

図8-8　高断熱屋根の内部における温度と相対湿度の実測値（さいたま市、2021年）

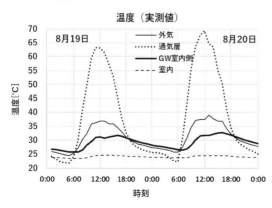

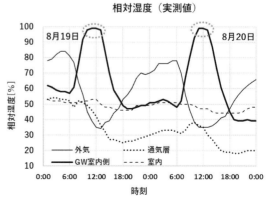

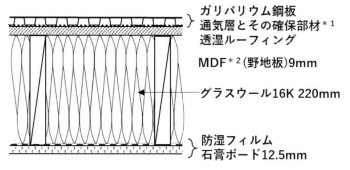

図8-9　高断熱屋根（温湿度を実測）の断面

ガリバリウム鋼板
通気層とその確保部材＊1
透湿ルーフィング

MDF＊2（野地板）9mm

グラスウール16K 220mm

防湿フィルム
石膏ボード12.5mm

＊1 ポリエチレン製ディンプルシート10mm
＊2 Medium Density Fiberboard（中密度繊維板）

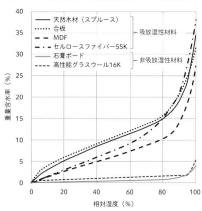

図8-10　使用された建築材料の平衡含水率

で、平衡する相対湿度に対しては右上がりの曲線となります。この曲線を平衡含水率曲線と言います。**図8-9**に示されている建材などの平衡含水率を**図8-10**に示しました。垂木の木材や野地板のMDF（中密度繊維板）は平衡含水率の右上がりがシャープですので、顕著な吸放湿性材料であることを読み取れます。反対に、GWは相対湿度が高くなっても水分をほとんど吸収しない材料であることが分かります。

　図8-11は、GW室内側と通気層（MDFの直近に温湿度センサーが設置されて

図8-11　8月20日における高断熱屋根内部の温度と湿度（湿り空気線図上）

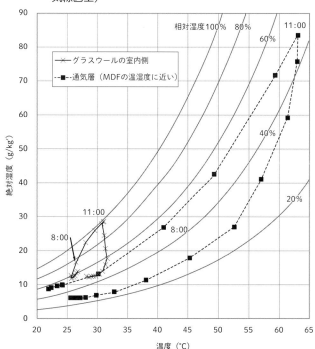

表8-3 木造外皮における夏型内部結露防止のためのアイディア

夏型内部結露の防止策のアイディア	
1	通気層は野地板の室内側に設け(表7-2の屋根を参照)、野地板から放出される水蒸気を速やかに外気へ排出させる。
2	断熱材をセルロースファイバーなどの吸放湿が高い材料に変更し、野地板からの水蒸気が室内側に移動する時間を遅らせる。
3	防湿層に吸放湿性を持たせたり、ダイオードのような性質を持たせるなどして、野地板からの水蒸気を調整する。

いるので、通気層の温湿度はMDFの温湿度に非常に近い)における8月20日の1時間ごとの温度と絶対湿度を**図8-8**から引用して「湿り空気線図」上にプロットしたものです。通気層では午前中、日が高くなるにつれ日射のためにどんどん温度が上昇しますが、そのときの相対湿度は55%程度のままであまり変化しません。相対湿度が変化しないのはMDFの吸放湿性の影響を強く受けているからです。相対湿度があまり変化しないので11時に温度が60℃以上になれば、絶対湿度は80g/kg'以上の非常に高い値となります。ということはMDFが高温になって大量の水蒸気を放出しているわけです。つまり、MDFが放出する水蒸気が夏型内部結露の原因となるわけです。MDFの水蒸気がGWに放出されると、GWは透湿性が非常に高く且つ吸放湿性が低いので、水蒸気を速やかに室内側の防湿フィルムへと導きます。しかし、防湿フィルムは非透湿なので水蒸気の流れを堰き止め、**図8-11**の実線が示すようにGW室内側の絶対湿度を上昇させます。GWの室内側は室内の冷房によって31℃まで温度が下がっていますので、相対湿度が100%になり結露が発生するというわけです。

　以上で夏型内部結露の発生メカニズムを理解できましたので、その防止策のヒントも得られます。**表8-3**にその防止策のためのアイディアをまとめました。

9 ▶ 窓の技術革新

9-19 ▶ 窓の機能と性能

　日本の住まいの省エネ化において近年著しく進化した分野は「窓」です。もちろんこの進化の震源地は欧米であって、気候が寒冷な北海道などはいち早く「進化」が始まっていたのですが、その本格的な波が2010年以降になって本州まで押し寄せたということです。筆者は、日本の住まいは窓の断熱化が遅れていて、それが住宅全体の省エネ化のボトルネックにもなっていることを30年前から指摘してきましたが、ようやく改善の兆しが見えてきました。日本の住まいでは、戦後、寒冷地を除けば、快適性や省エネという課題より防火や耐震という課題に関心が集まり、政府もその対応に腐心してきました。窓で言えば、サッシは防火対策にも適応できたアルミサッシが主力商品でありました。しかし欧米では20世紀から断熱性に優れた樹脂サッシなどが主力商品であり、日本だけが、アルミサッシがトップシェアとなる奇異な市場になっていました。こんな「歴史」のせいで日本の大手の窓生産者は高断熱窓に対する対応がかなり遅れましたが、ようやく世界の標準に近づきました。

　「開口部」という用語があるので、窓はドアも含めて開口部として扱われる場合が多いのですが、住まいの環境とエネルギーを論じる場合は、圧倒的に窓の方が重要になりますので、本書では開口部という用語は使わず、「窓」という言葉だけを使います。建築学の分野で窓の話をしようとすると、必ず「窓のルーツ」に関わる日欧の違いのことが語られます。曰く、「日本では柱と柱の間を閉じるために取り付けられる「間戸」が窓の起源であり、一方、欧州では石造りの壁に穿った孔（火の使用に伴う排気口）が起源で 'wind-ow'（風の目）が 'window' の語源である」ということですが、現代のように技術が進歩した時代において現代の価値観でもって住まいを造ろうという場合には、こうした知識は示唆に富む知識にはなりえません。

図9-1　大きな窓を望む人は多い（スロベニアの高級住宅、左が外観、右が内観。写真撮影は筆者、2015年の秋）

例えば、**図9-1**はスロベニアという中欧に属する山国の現代の住まいですが、日本の住まいのように非常に大きな窓が設けられており、窓を大きくして光を大量に取り込む明るい住まいが欧州の人にも好まれていることを認識できます。19世紀においてこんなに窓の大きな建物を造ってしまえば、冬に寒くて困るのでしょうが、現代では断熱した壁とほぼ同程度の断熱性を有する窓を製造できますので、窓が大きくても、それが建物全体の温熱環境に対する支障にはならないのです。

というように、窓には採光・開閉などのように本来的に求められる機能と、断熱・防火などのように現代的な観点から求められる性能を備えることが必要です。**表9-1**にこうした窓の機能と性能を整理して示します。

本書は住まいの断熱や空調について論じる図書ですので、この表の中の「断熱」と「日射遮蔽」の技術革新において大きな役割を果たした「Low-Eガラス」について、次節以降で詳しく述べますが、その前に簡単な説明をしておきます。'Low-E' とは 'low emissivity' の略で「低放射」

表9-1　窓の機能と窓に要求される性能

窓の機能		窓に要求される性能	機能・性能を補助する付属品
光の透過と遮蔽	眺望（外が見える）	採光	ライトシェルフ
	光の遮蔽	日射遮蔽（η値） 視線の遮断	ブラインド、カーテン、庇ルーバー、オーニング
開閉機能	開けたとき	換気、通風	ウィンドキャッチャー
	閉じたとき	断熱（U値）、気密、水密 防火、防犯、防災、遮音	シャッター、雨戸 網入りガラス

図9-2　Low-Eガラスの透過率と反射率の分光スペクトル（データの出典：HEAT20設計ガイドブック＋、2016）

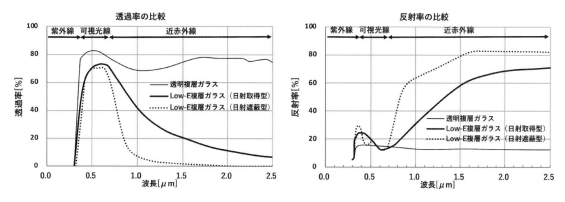

という意味で、銀や酸化スズの薄膜をガラスの表面に定着させたガラスのことです。この薄膜によって可視光線はそれほど遮られることなく室内に透過しますが**（図9-2の左図の「透過率」を参照）**、熱放射に関与する近赤外線が反射されて**（図9-2の「反射率」を参照）**放射熱伝達が低減されますので、窓の断熱性が高まります。つまり、Low-Eガラスを用いれば、採光や眺望という窓の最も重要な機能を損なうことなく、断熱性が高い窓をつくることができるのです。このことは窓の機能・性能にとっては「決め手」に近いような大きな意味をもたらしますので、Low-Eガラスは現代の窓においては必須となる要素技術の一つであると言えます。

9-20 ▶ 窓の断熱化技術の進化

　窓の断熱化技術について解説します。ガラスという熱伝導率の高い材料でも気密性を保持しつつ多層化すれば断熱化（熱貫流率U値を小さ

図9-3　窓を断熱化するための手法

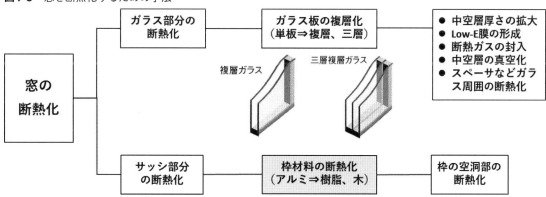

図9-4 窓の仕様と熱損失の内訳(データの出典:HEAT20設計ガイドブック+、2016)

サッシ仕様※	ガラスの仕様(A=空気層、G=断熱ガス入り、数字は中空層の厚さ[mm])	1㎡当たりの熱損失量[W/(㎡·K)]
アルミサッシ	単板ガラス	
	複層ガラス(A12)	
アルミ樹脂複合サッシ	複層ガラス(A12)	
	Low-E複層ガラス(A6)	
樹脂サッシ	Low-E複層ガラス(A12)	
	Low-Eガス入り複層ガラス(G12)	

凡例:
- ■ サッシからの熱損失
- ■ ガラスからの熱損失
- ▨ ガラスの周縁部からの熱損失

※サッシのサイズ:幅1690mm×高さ1370mm、開閉方式:引違い

※18
例えば、アルミの熱伝導率は210W/(m·K)に対して硬質塩ビのそれは0.13〜0.29W/(m·K)ですので、両者には桁違いの差があります。

〈する)できることは、昔から知られていました。これに加えて、前節で述べましたLow-Eガラスの使用、さらにサッシの素材を金属から樹脂などの熱伝導率の低い素材に代えるなどの改善を行っていけば、窓の熱貫流率はどんどん小さくなっていきます。※18

　窓は、ガラスの部分とサッシ(枠)の部分で構成されていますので、断熱化を考える場合、**図9-3**に示すように、ガラス部分とサッシ部分に分けることができます。住宅用の実際の窓において、窓の熱損失の内訳を計算すれば、**図9-4**のような結果になります。「アルミサッシ+複層ガラス」においても、熱損失はサッシ部分よりもガラス部分の方が大きいので、ガラス部分の断熱化が有力な手法ということになります。

　ガラス部分の断熱化は、**図9-3**に示すように複層化とそれ以外の手法に分けられます。複層化では、ガラス(「ガラス板」と書くのが正しいが、以後「板」は省略)が2枚、3枚となっていきますが、現在のところ4枚(真空ガラス1枚は2枚のガラスと数える)が最大です(**表7-2を参照**)。複層化以外の手法

図9-5 ガラス部分の断熱化と日射遮蔽化の進展(データの出典:国交省資料)

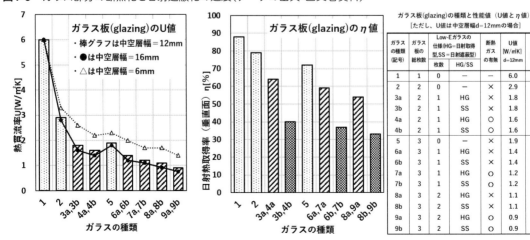

ガラス板(glazing)のU値
・棒グラフは中空層幅=12mm
・●は中空層幅=16mm
・△は中空層幅=6mm

ガラス板(glazing)のη値

ガラス板(glazing)の種類と性能値（U値とη値）
[ただし、U値は中空層幅d=12mmの場合]

ガラス板の種類(記号)	ガラス板の総枚数	Low-Eガラスの仕様(HG=日射取得型、SS=日射遮蔽型)		断熱ガスの有無	U値 [W/㎡K] d=12mm	η [%]
		枚数	HG/SS			
1	1	0	—	—	6.0	88
2	2	0	—	×	2.9	79
3a	2	1	HG	×	1.8	64
3b	2	1	SS	×	1.8	40
4a	2	1	HG	○	1.6	64
4b	2	1	SS	○	1.6	40
5	3	0	—	×	1.9	72
6a	3	1	HG	×	1.4	59
6b	3	1	SS	×	1.4	37
7a	3	1	HG	○	1.2	59
7b	3	1	SS	○	1.2	37
8a	3	2	HG	×	1.1	54
8b	3	2	SS	×	1.1	33
9a	3	2	HG	○	0.9	54
9b	3	2	SS	○	0.9	33

は**図9-3**に示すように、いくつかあります。ガラスを複層化しますと、ガラス板の間に中空層ができますので、その中空層の厚みを広げたり、断熱ガス（アルゴンやクリプトンなどの希ガス）を封入したりすれば、断熱性を高めることができます。しかし中空層の厚みは12mmが標準ですので、それより薄くすることは勧められません。次にLow-Eガラスですが、その断熱効果は顕著ですので、三層ガラスの場合はLow-Eガラスも2枚にすると効果がより高まります。以上の状況を、断熱性をU値で表し、**図9-5**の左図に示します（ガラスの仕様については図9-5の右の表を参照）。

　前節の**図9-2**に示しましたが、Low−Eガラスには日射取得型と日射遮蔽型の二つタイプがあります。両者は、U値は同一ですが、η値は日射遮蔽型の方が小さくなります**（図9-5の右図を参照）**。どちらが効果的かは気候や窓の方位と面積に依存しますので、熱負荷シミュレーションによって検討するとよいでしょう。

　なお、ガラスの複層化の手法としては「真空ガラス」という手法もあります。これは、2枚のガラス板を、多数の微小な樹脂製スペーサを介して重ね合わせ、ガラス板の間に生じる0.2mm厚程度の微小なスペースを真空にしたものです。真空にすれば対流と伝導による伝熱はゼロになるので、放射熱伝達だけが伝熱要素になります。しかし、建築伝熱の世界では放射熱伝達と対流熱伝達のほぼ1対1ですから、真空化しても伝達熱量は最大で50%しか減少しません。ということで、真空ガラスのU値は複層ガラス（中空層が12mm以上で且つ断熱ガス封入）のそれより1割程度小さいのが実態です。

　また複層化する際は、中空層を形成するためにスペーサ（ガラス板の周囲の枠）が必要になります。以前は、このスペーサを金属で作製していて、そこから熱がかなり逃げていたのですが、現在では熱伝導率が小さい樹脂で作製されていて熱損失が減りました。さらに、既述のようにサッ

図9-6　断熱化技術を極めた窓（出典：エクセルシャノン）

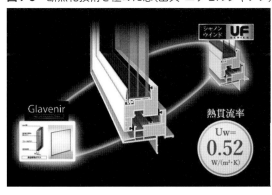

シャノンウインドＳＰＧ
縦すべり出し窓（開き＋FIX）
スマートシリーズ
（W:1,690 × H:1,370）

シの枠材料や内部を樹脂化するなどして、窓は全体としてどんどん断熱化が進み、今では**図9-6**に示すように、U値が0.52W/(㎡・K)まで製造販売される時代になりました。

9-21 ▶ 高断熱住宅における オーバーヒート対策

　住まいの高断熱化について推奨してきましたが、高断熱化による懸念は全くないと言えるのでしょうか？　高断熱化は良いことしかもたらさないと、簡単に決めつけることはできません。温暖地における木造住宅の高断熱化は世界でもほとんど類例がないことですので、我々は注意深く高断熱化を進めていくべきでしょう。

　高断熱化に伴ってまず注意すべきことは室内で発生する熱によるオーバーヒートです。室内で発生する熱には二種類あって、一つは内部発熱（室内で使用する家電製品や調理器具、人体などから発せられる熱）で、もう一つは透過日射による発熱（室内に入り込んだ日射が床や壁、家具などに吸収されて発せられる熱）です。内部発熱は、通常の住宅では床面積当たりで4〜5W/㎡と推定されていますので、それほど酷いオーバーヒートになりません。一方、日射は強い時には1000W/㎡（水平面全天日射量）近くになりますので、透過日射は内部発熱と比べると桁違いに大きなポテンシャルを持つと言えます。よって、オーバーヒート対策としては、日ざし（直達日射）を防ぐことがポイントになります。

　日除けのために開口部に部品や用具を取り付けることは世界の常識です。日本でも「すだれ」や「よしず」、窓格子など様々な日除け用具

図9-7　日除けの日射熱取得率 η_d（左図）と外付けブラインド（右の写真／出典：LIXIL HPより）

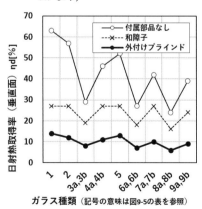

が昔から使用されてきました。**図9-7**はこうした日除け部品・用具の日除け効果を日射熱取得率（垂直面）η_dによって表したものです。付属部品なしに比べて和障子や外付けブラインドを取り付けると、η_dが小さくなります。特に外付けブラインドはη_dが10%前後であり、日除けとして優れていることがわかります。

　高断熱住宅の室温に対する日除けの効果を、定常計算モデルによって分析した結果を示します。使用した建物モデルは省エネ基準検討モデル（7章参照）です。前述のように、室温上昇には内部発熱によるものと透過日射によるものがありますので、ここでは内部発熱は4.6W/㎡で一定と考えます。またこの計算評価は概略的な評価ですので、すべての物理量は日平均値と考えます。ですので、室温上昇の最高値などの細かい評価できませんが、日除けの効果のエッセンスは分析できるものと考えます。

　日平均日射量（水平面全天）の毎月の平均値を調べますと、**図9-8**に示すように、地域の影響は小さく、200W/㎡前後が年間の最大値となります。そこで、日射量を200W/㎡に固定して、室内発生熱による室温上昇をU_A値（断熱性の評価指標）に対して描くと**図9-9**のようなグラフになります。パラメータはη_{AC}値であり、外付けブラインドの$\eta_{AC}=0.6\%$が最も室温上昇が小さいことが分かります。この場合、$U_A=0.26$W/($㎡$・K)の高断熱でも室温上昇は9K程度であり、オーバーヒートは外付けブラインドによってかなり抑制されていると言えます。

　最後に、冷房負荷に対する高断熱の影響について述べます。前記の建物モデルを用い、熱負荷シミュレーションによって日平均の暖房負荷又は冷房負荷を計算しました。**図9-10**は、計算結果を日平均外気温に対してプロットしたものです。プロットマークはU_A値とη_{AC}値の組合せで異なります。また、冷房負荷は負の値で示されています。高断熱住宅においては、日平均外気温が17、18℃の時期から冷房負荷が発生しますが、日平均外気温が26℃以上になる暑い時期になれば、日平均冷房負荷は普通断熱の住宅より小さくなります。図中の表に示すように、高断熱住宅ではη_{AC}値が小さければ年間冷房負荷も小さくなりますので（①は冷房負荷でも③より小さいという意味。ただし寒冷地は除く）、高断熱化による年間冷房負荷の増大は懸念材料にはならないと言えます。

※19
図6-2などで用いられる日射熱取得率は、開口部の垂直面日射熱取得率（η_d）をベースに、建物に付属する庇や軒、バルコニーなどの日除け効果を補正して算出されます。また、η_dはガラスの日射熱取得率η_gをベースにして開口部の材質・形状・日除け付属部品などの影響を勘案して算出することが可能です。

図9-8 月別日射量の比較

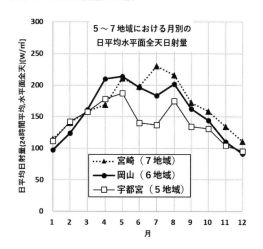

図9-9 高断熱化による室温上昇の影響と日射遮蔽の効果

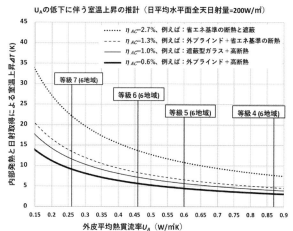

図9-10 高断熱化と日平均暖冷房負荷の関係（熱負荷シミュレーションによる）

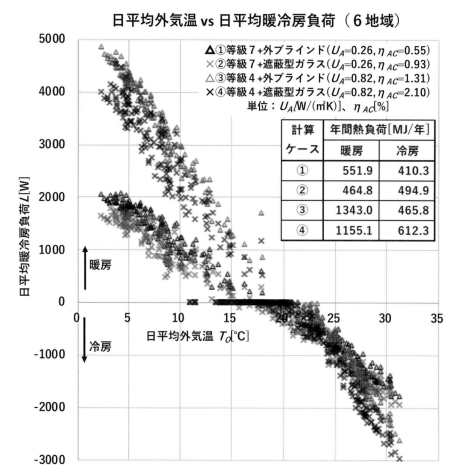

10 ▶ 住宅設備の技術革新

10-22 ▶ 電気の活用と良い暮らし

　ここからは話題が住宅設備になります。近年の住宅設備における技術革新は著しいものがあります。住宅設備のエネルギー源には電気、ガス、灯油などがありますが、特に電気を用いる設備の技術革新が優れています。ガスや灯油の設備にもコジェネレーション（燃料電池が代表的）という技術革新が生まれ実用化されましたが、普及の点では物足りないものがあります。一方、電気を使う設備機器の技術革新は、テレビ、パソコン、スマートフォンなどの情報通信や娯楽用の機器を除いても、ここ数十年で多くの技術革新が生まれました。建築物省エネ法に基づく建築・住宅の省エネ基準などにおいては、**図10-1**に示すように家庭で使用する設備機器を、住宅設備と家電ほかに分けていて、前者は住宅の省エネ基準の対象として扱いますが、後者は対象から除外しています。後者の省エネ対策や技術革新は機械等の対策として建築物とは別体系の中で扱われます。ただし、建物に付随する太陽光発電設

図10-1　住宅設備機器の分類と電化の様子

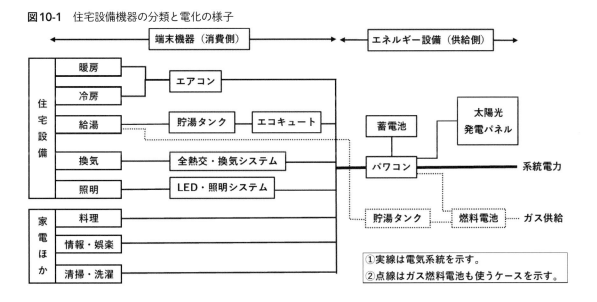

備などの再生可能エネルギー利用設備は建築・住宅の省エネ基準の中で取り扱われます。

電気関係の技術革新について少し詳しく述べます。IHヒーターは調理用の機器ですので住宅の省エネ基準の対象にはなりませんが、安全性、制御性、扱いやすさなどの点で調理作業に変革をもたらしました。省エネの点でも全く問題のない設備機器です。住宅設備ではCO_2冷媒の電気ヒートポンプ式給湯機として登場したエコキュートが最大の技術革新です。また、同様のヒートポンプ機器であるエアコンも、インバータなどの技術革新によって実働状態でのエネルギー効率が飛躍的に向上しました。こうしたヒートポンプ機器の「なぜ省エネかという根拠」や技術革新については、次章で詳しく説明します。ヒートポンプ以外でも、LEDや人感センサーの開発によって照明の省エネ化は随分進みました。さらに換気装置においてもブラシレス直流モーターの採用や熱交換素子の改良によって、地味ですが、省エネ化が進んでいます。

前述のように、エコキュートがここ30年における住宅設備の最大の技術革新であり、住宅設備や住宅エネルギー業界におけるゲームチェンジャーです。なぜかと言えば、それまではエネルギー効率の高い機器が存在しないので電気がかなり不得手としていた給湯（つまり、40〜60℃程度のお湯の需要）において、電気の機器がガスや灯油などの燃焼系の給湯機器より、エネルギー効率が高い機器（つまりエコキュート）を提供できるようになったからです。また、室外機のデフロスト対策についても近年はかなり改善されています。こうした技術革新によって、各

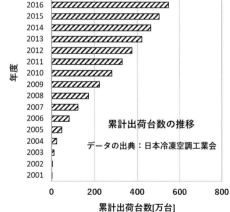

（左）**図10-2**　オール電化住宅のコンセプト
（右）**図10-3**　エコキュートの累計出荷台数

電力会社はオール電化住宅（図10-2参照）を、自信を持って提供することが可能になりました。つまり効率が良くて安全・省エネ・清潔・快適な暖房と給湯が電気によって行うことが可能になり、それによって冷房、照明、換気も含め、住宅設備（厨房設備なども含む）のすべてを電気によって賄うことが可能になったのです。「電気による良い暮らし」が実現したのです。

　ところが、2011年の大震災による原発事故によって、オール電化住宅の推奨は急ブレーキが掛かってしまいました。しかし、エコキュートの累計の出荷台数（図10-3参照）を眺めると、原発事故以後も毎年数十万台のエコキュートが販売されていて、20年間で累計は700万台以上になりました。こうした事実からも住宅設備の技術革新は世の中に支持されており、今後も継続していくことが重要であります。

10-23 ▶ 1次エネルギー消費量の評価計算とZEH

　住宅の省エネ基準においては1次エネルギー消費量を用いて、住宅の外皮と設備を一体と考えた性能評価が行われることを、4-8節で説明しました。またこの評価のための計算ツールは政府が開発し、誰でもが無料で使用できるようになっています（https://www.kenken.go.jp/becc/#4-1を参照。通称「国交省ウェブプログラム」）。こうした評価法がオーソライズされることによってZEH（ネット・ゼロ・エネルギー住宅）の定義と判定が可能になりました。1章でも述べましたが、政府はこのZEHを住宅の省エネ対策の最有力手段と見なし、2015年から建設のための補助金

図10-4　ZEH（ネット・ゼロ・エネルギー住宅）の例

横浜市金沢区に建てられた初期のZEH
（2011年秋に著者が撮影）

北海道のZEH（写真提供：住まいのウチイケ）

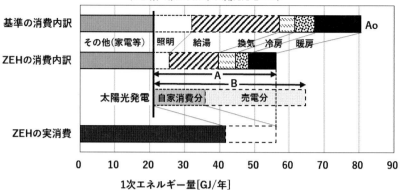

図10-5　ZEHにおけるエネルギー消費と発電の内訳計算の例（国交省ウェブP使用）

を大々的に給付する政策を展開しています。

ZEHとは、**図10-4**の写真に示すように、高断熱と高効率設備という基本的な省エネ対策を施した住宅に、太陽光発電パネルを取り付け、経産省が定義した次式を満足する住宅のことです（**図10-5を参照**）。

$$A = E_H + E_C + E_V + E_L + E_W \leqq B \quad \cdots\cdots(1)$$

ここで、E_H, E_C, E_V, E_L, E_W はそれぞれ暖房、冷房、換気、照明、給湯の1次エネルギー消費量であり、A はこれらの合計値です。つまり A は住宅設備のエネルギー消費量であり、A にはその他（家電等）のエネルギー消費量は含まれません。また B は太陽光発電設備量が供給する1年間の発電量です。この発電量は、一般には自家消費される量より電力会社に買い取ってもらう量（売電量）の方が大きいのですが、B ではそのような事情は無視され、発電量の全てを(1)式の B と考えます。ですから、ZEHと判定される住宅は、エネルギー的に完全に自立した住宅ではなく、単に住宅設備のエネルギー消費量が太陽光発電の総電力量と同じか、それより少ないという住宅になります（つまり $A \leqq B$）。しかし、それでも従前の普通の住宅よりは省エネで（光熱費が安く）快適・安全であることは確かです。

図10-6は、上記のウェブプログラムを利用して、断熱等級6の住宅に様々な省エネ設備機器と、容量が4kWの太陽光発電設備を設置して、全国8地域の年間のエネルギー消費量と年間の太陽光発電量を計算したものです。まず目につくことは、設備だけのエネルギー消費量（A、太い実線）が太陽光発電量（B、点線）より全地域で小さいということです。

図10-6 エネルギー消費量と太陽光発電量の
　　　　地域変化(国交省ウェブP使用)

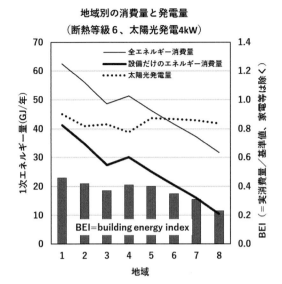

地域別の消費量と発電量
(断熱等級6、太陽光発電4kW)

図10-7　ZEHの新築戸数の推移

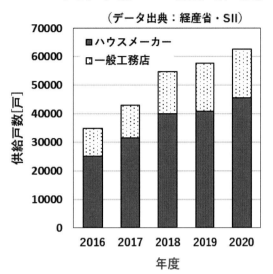

注文・戸建ZEHの新築戸数の推移
(データ出典：経産省・SII)

つまり、$A \leqq B$が全国で成立し、ZEHは全国で可能であることが分か
ります。特に、5地域以南ではAが南に行く(6〜8地域)ほど小さくなる
一方で、Bは南に行っても小さくなりませんので、南に行くほど$A \leqq B$
が容易に成立するということになります。つまり、温暖地ほど太陽光
発電パネルの容量は小さくても、ZEHが成立することになります。
　このような傾向を示すZEHですが、政府の補助金の効果もあって、
今や戸建注文住宅では年間6万戸以上が新築されている状況です(図
10-7参照)。政府はZEHを新築戸建住宅の60%(15〜20万戸／年)まで高
める目標を掲げています。しかし、一方で共同住宅や建売住宅、さら
には既築の住宅ではZEHは立ち後れています。そもそも太陽光発電
も含め太陽エネルギーは不安定なものですので、蓄電や蓄熱などの蓄
エネルギー設備と組み合わせて利用することが工学技術としては正
しい考え方です。また日射の条件が悪い敷地において無理にZEHを
建てることもありません。ZEHに関する冷静な理解の下で、無理のな
い省エネ住宅を着実に建てていくことが望まれます。

11 ▶ 暖冷房とヒートポンプの発展

11-24 ▶ ヒートポンプの原理と仕組み

　ヒートポンプ(以下「HP」と記す)は冷房や冷蔵庫などの冷却技術として戦前から実用化されていた技術です。HPは、伝熱現象における「熱は温度が高い所から低い所へ伝わる」という一般理論とは真逆に、「温度が低い所(ヒートソース)」の熱を「温度が高い所(ヒートシンク)」へ運ぶので、ポンプという名が付けられました。「温度が低い所」の熱を持っていくので、その「温度が低い所」は温度が更に下がります。これが冷房や冷却にHPが使われる理由です。一方、「温度が高い所」では「温度が低い所」から熱が運ばれてきますので、温度が更に上がります。これがHPによって暖房や給湯を行える原理になります。ですからHPは熱を「運ぶ」あるいは「移しかえる」機械と見なすことができます。つまりHPの場合は、化石燃料などの燃焼とは全く異なる原理を利用して暖房や給湯を行うことになります。この原理の違いを**図11-1**に示します。HPにおいて、運ばれた熱量を使用した電力で除した数値は

図11-1　ヒートポンプによる加熱と燃焼による加熱の違い

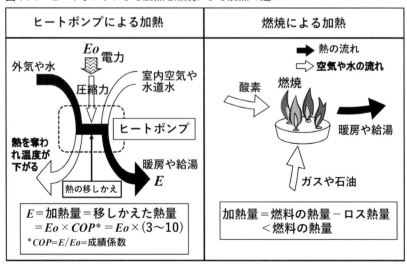

図11-2　カルノーサイクル（蒸気機関車）と逆カルノーサイクル（ヒートポンプ）

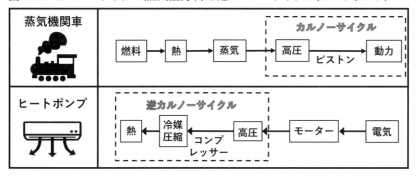

COP（coefficient of performance）と呼ばれ、HPのエネルギー効率を示す重要な指標になっています。

　我々がよく使っているエアコンなどは電動式のHPであり、難しい言葉で言えば「逆カルノーサイクル」を利用した機械であります。「カルノーサイクル」とは蒸気機関車などがパワーを生む原理ですので、「逆カルノーサイクル」はそれを反対方向に循環（サイクル）させたものと見なせます**（図11-2参照）**。つまり、蒸気機関車は石炭などを燃やして造った「熱」を利用して走行のための「動力」を得ますが、HPは逆に電動モーターによって造られる「動力」を使って「熱」を運ぶものといえます。

　エアコンを例にとり、HP（圧縮式）の仕組みについて若干説明します**（図11-3参照）**。HPは、**①蒸発器、②圧縮機、③凝縮器、④膨張弁**、の4つの主要要素から構成されています。HPでは、この4要素の間を冷媒と称される物質が相変化を伴いながら循環しています。冷媒としてはフロン系の人工化合物であるHFC（ハイドロフルオロカーボン）が近年使われています。冷媒には環境保全の立場からオゾン層破壊係数と温暖

図11-3　ヒートポンプのおける主要要素と冷媒の流れ

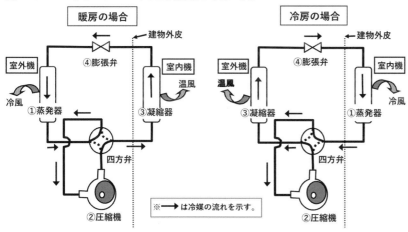

化係数が小さいことが要求されています。また、エコキュートでは天然物質であるCO_2が冷媒として使用され、世界から高い評価を受けています。

　暖房の場合**(図11-3の左図)** は、室外機を①**蒸発器**として、室内機を③凝縮器として作動させます。この場合、冷媒はこの図に示すように、①**蒸発器**→②**圧縮機**→③**凝縮器**→④**膨張弁**→①**蒸発器**→……の順に循環します。①**蒸発器**(室外機)では圧力が低いので、冷媒は液体から気体に相変化し、蒸発熱として蒸発器周囲の大気から熱を奪います。それゆえ、蒸発器は低温(-20～0℃)になります。気体になった冷媒は、④**圧縮機**によって圧縮されて、高温(80℃程度)高圧になって、③**凝縮器**に移動します。③**凝縮器**(室内機)では、高温高圧の気体となっている冷媒が室内空気に凝縮熱を放出して液体に戻ります。ゆえに、ファンで凝縮器に風を送れば、凝縮熱が温風となり室内を暖房します。液体に戻った冷媒は、②**膨張弁**を介して減圧され、「絞り膨張」の原理によって蒸[20]発し、再び③**蒸発器**に移動します。この一連の循環は「冷凍サイクル」と言われています。一方、冷房時は**図11-3の右図**に示すように、四方弁を切り替えて、室内機を①**蒸発器**として、室外機を③**凝縮器**として作動させれば良いわけです。当然、冷媒の流れは暖房時とは逆向きになります。

11-25 ▶ ヒートポンプのエネルギー効率

　前節で示したCOPはHPのエネルギー効率を示す指標であり、COPが高いほど効率が良いHPになります。そこで、摩擦などが発生しない架空のHPを想定して、COPの性質について推測してみましょう。**図11-4**に示すように、HPがヒートソースから熱を取り出し、ヒートシンクにその熱を放出する状況を想定します。詳細は専門書に譲りますが、このようなHPにおいては冷媒種類に関係なく(1)式でCOPが定義されます。

$$COP_H = Q_H \,/\, W = T_H \,/\, (T_H - T_C) \quad \cdots\cdots(1)$$

　ここで、COP_H＝暖房時や給湯時のCOP、W＝ヒートポンプを稼働させるための仕事[W]、Q_C＝ヒートソースから取り出される熱量[W]、Q_H＝ヒートシンクで放出される熱量[W]、T_C＝ヒートソースの絶対温度[K]、T_H＝ヒートシンクの絶対温度[K]です。なお、絶対温度とは℃

図11-4 理想的なヒートポンプにおける暖房時のCOP（右のグラフ）

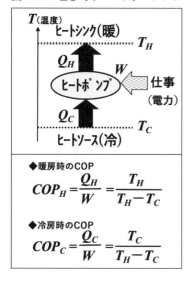

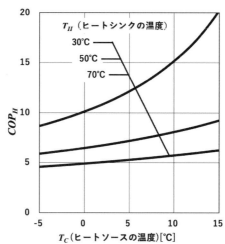

の温度に273.15を加えた温度です。COP_Hを縦軸に、T_Cを横軸に取り、
(1)式で与えられるCOP_Hをグラフ化すると、**図11-4の右図**となります。
温暖地の冬を想定してこのグラフを解説します。HPによる暖房や給
湯では外気をヒートソースに当てますから、T_Cは外気温に相当します。
一方、T_Hは室温や湯温に相当しますので、T_Hは暖房であれば30℃以上、
給湯であれば65〜70℃（細菌の繁殖防止のために高温）と想定します。です
から外気温が0℃程度とすれば妥当なCOP値は、暖房の場合は10程度、
給湯の場合は5程度ということになります。以上のような計算から、
HPがエネルギー効率において高い可能性を有することを容易に推察
できます。

　次に、実用化されたHPのCOPの推移を**図11-5**に示します。この
図には縦軸が二つあって、左軸がCOP、右軸がAPFです。HPの種類
としては、ターボ冷凍機、家庭用エアコン、エコキュートなどであり、別々
のグラフで示されています。APFとは'annual performance factor'
のことであり、HPを実際に1年間稼働させたときに予想されるCOP
の数値のことです。一方、実験室において定められた温度や負荷条件
の下で測定されるCOPは「定格COP」と言われます。実際の建物に
おいては、外気温や暖冷房負荷は大きく変動しますので、HPの実稼
働時におけるCOPを予測するには定格COPの数値を調節する必要
があります。つまり実際の暖冷房の場合には負荷が小さくなり低出力
で稼働する時間が高頻度で発生します。一般的にCOPは低出力では
低下します（低負荷時の効率は「部分負荷効率」という）。それ故、家庭用エアコ

図11-5　ヒートポンプのエネルギー効率（COPとAPF）の向上

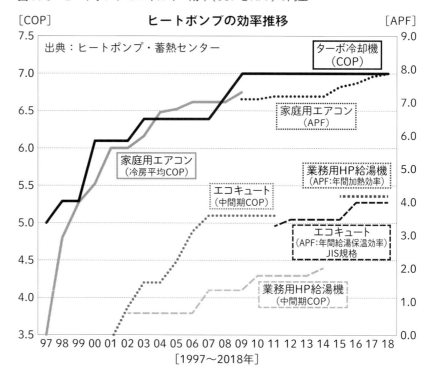

ンでは、東京で普通に使用するなどの仮定の下で部分負荷効率なども考慮して調節したCOPをAPFとし、カタログなどでも表示しています。

図11-5 を見ると、どのHPも右肩上がりで、2000年前後にHPの技術革新が進んだことが分かります。具体的には、①**インバータの搭載**[21]（エアコンの場合）、②**コンプレッサーの圧縮方式の改良**、③**熱交換コイルの改良**（コイル表面積の拡大など）、④**給湯タンクやバルブの断熱強化**（エコキュートの場合）、などが技術革新の中身です。

※21
インバータが搭載されていれば、熱負荷が小さい時はインバータによって電流を低下させHPの出力を低下させます（その結果、消費電力が減じられる）ので、インバータを搭載したエアコンは省エネ的な運転が行われることになります。

図11-6　給湯機の種類と1次エネルギー効率（造ったお湯の熱量での比較）

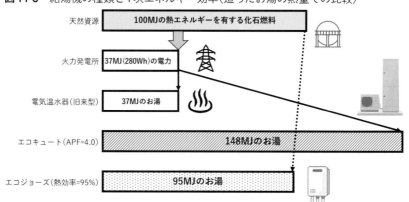

さて、こうしたHPの優れたエネルギー効率を示す例として、家庭用の給湯機を取り上げてみます。**図11-6**は、100MJ（メガジュール）の熱エネルギーを保有する化石燃料が与えられたと仮定して、それから造ることができるお湯の熱量について三種類の給湯機（電気温水器、エコキュート、エコジョーズ[※22]）を比較したものです。エコキュートは、APF＝4.0を仮定すれば**（図11-5参照）**、火力発電所において大きなロス（100-37=63MJのロス）があっても、最終的に148MJのお湯を造ることができるので、他の給湯機を圧倒しています。つまりHPが優れた省エネ機器であることを理解できます。

※22
エコジョーズとは潜熱回収型のガス給湯器のことです。通常はガスが燃焼して発生する水蒸気は、そのまま排ガスの一部として大気に放出されますが、エコジョーズではその水蒸気を凝縮させて水に変え、その時、発生する潜熱を給水の加温に利用し湯を創ります。そのために熱効率が向上します。

11-26 ▶ 家庭用エアコンと暖冷房・除湿

　家庭用エアコンは、日本の家庭で使用されるヒートポンプとしては代表的なものですし、本書のテーマである住宅全館空調システムでも心臓部を担う機器です。現在の家庭用エアコンは大半が電動式で、暖房も冷房もできる機種です。もちろん、ガスエンジンで駆動するものや、電動でも冷房専用のものも存在しますが、販売台数は少ない状況です。この電動式で冷暖兼用タイプのエアコンに限定すれば、その種類は主に室内機の見かけや設置場所における違いで区別されています。**表11-1**にエアコンの種類を掲げましたが、表中の機器どうしで本質的な違いがあるわけではありません。もちろん、冷媒の種類や除湿方式などの違い、さらには付属機能（換気機能や掃除機能など）の有無の差もありますが、これらの相違は熱源機器としての本質的な相違には該当しません。

　本書のテーマの一つは省エネですので、家庭用エアコンのエネルギー効率（COP）について住宅の省エネ基準での扱われ方を見てみます。省エネ基準では、**表11-1**に示す分類に関係なく、定格冷房能力が10kW

写真の出典：ダイキン

表11-1 エアコン（主に家庭用）の種類

室内機	ルームエアコン	壁掛け形（写真上）
	ハウジングエアコン	天井埋込形（写真下）
		壁埋込形
		床置形
	マルチエアコン	複数台の形の異なる室内機
	パッケージエアコン	ビル用マルチエアコン
室外機	前吹き形 上吹き形	通常仕様 寒冷地仕様

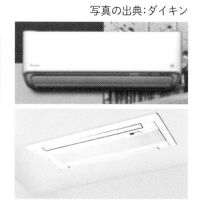

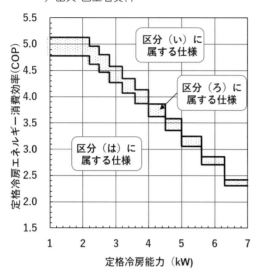

図11-7　能力とCOPによる家庭用エアコンの区分
／出典：国土省資料

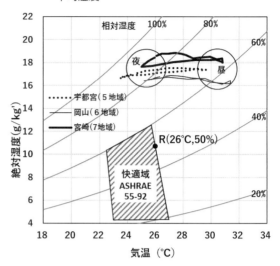

図11-8　温暖地における8月の時刻別平均温度と
平均湿度

以下で且つ定格冷房消費電力が3kW以下のエアコン(つまり小型のエアコン)をすべてルームエアコンディショナー(ルームエアコン)として定義しています。そのうえで図11-7に示すように、定格冷房能力に応じて定格COP(冷房時)を(い)(ろ)(は)の3つに区分し、ウェブプログラムで1次エネルギー消費量の計算を行っています。もちろん、(い)が最も効率が高い条件で計算が行われます。図に示すように、定格冷房能力が大きくなるにつれ、COPは低下します。これは、ルームエアコンでは能力が大きいものより小さいもののほうのものが、効率が高いということを示しています。つまり、小型の方が、コイルの熱交換面積を機器の容量に比べて相対的に大きくするなどのCOP向上のための対策を採用しやすいことを示しています。

　さて、家庭用エアコンの機能の一つとして「除湿」があります。日本の夏は大変蒸し暑いので、日本で使うエアコンの場合、この除湿機能は非常に重要な機能であると考えます。図11-8に温暖地(5〜7地域)の代表都市における8月の毎時の平均温度と平均湿度を湿り空気線図上に示します。これを見ると、3都市とも1日の線が横に伸びているので、絶対湿度が1日の間でほとんど一定である(16〜19g/kg')ことが分かります。一方、温度の方は日較差があり、昼は30℃以上、夜は24〜26℃であることが分かります。これらの平均温湿度をASHRAE(米国冷凍空調協会)の室内快適領域(夏)と比較すると、日本の夏は温度が高いためというより絶対湿度が高いために「快適でない」ことを推察できます。これが日本の夏では「除湿」が重要になる理由です。

図11-9 エアコンを用いて冷却除湿を行った場合の温度・湿度（昼と夜の違い）

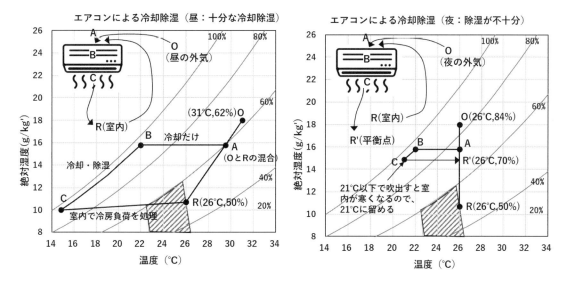

　ところで、一般のエアコン（除湿のための特殊な機能がないエアコン）が行っている除湿は「冷却除湿」と言って、湿度の高い空気を冷やして水分を凝縮させて（結露させて）水蒸気を取り除くというプロセスを用いるものです。しかし、こうした冷却除湿のプロセスにおいては、温度も絶対湿度も高い空気ならば冷却と除湿が可能ですが、日本の夏の夜のように、絶対湿度は高い（16〜19g/kg'）が温度はそれほど高くない（24〜26℃）場合は除湿が十分行われません。というのは、冷却（顕熱除去）が小さい場合は除湿（潜熱除去）も小さくなってしまうからです。**図11-9**にその様子を図解しましたので参考にしてください。もちろん、このことは関係者の間ではよく知られていることですので、この問題を解決している優れた製品[※23]も販売されています。本書では紹介しませんが、これも技術革新の一つです。

※23
再熱除湿方式が採用されているエアコンのことです。

12 ▶ 換気と空気清浄・加湿

12-27 ▶ 換気の必要性と効果

　世界で猖獗を極めたコロナ禍の経験からも分かるように、建物には換気設備が必須です。日本においては、建築基準法施行令（129条の2の5）及び建築物衛生法において室内環境基準（**表12-1参照**）が定められており、すべてのビルには換気によって室内を清浄に保つことが要求されます。住宅においても、1990年代に大きな社会問題となったシックハウス（建材からの化学物質の放散を原因とする居住者の健康被害）への対策として、2003年に建築基準法施行令（20条の8の1）が設けられ、機械換気設備（24時間換気）を設置することが義務づけられました。住宅でもエアコン等の暖冷房機器を設置することは今や当たり前ですし、上記のように換気設備の設置も義務ですので、**表12-1**に示す内容は住宅の室内環境基準としても適用できます。

　建物では人間の生活が営まれ家具等も置かれていますので、種々のガス体や物質が発生します。ですから、**表12-1**の中の④と⑤の基準値（空気清浄が目的）を守るためには、室内空気の入れ替え、つまり換気を行わなければなりません。これらの基準値の中で、通常の状況では炭酸ガス濃度の基準値が最大の換気量を要求する基準値となり

表12-1　法令に基づく室内環境基準

項目	基準値
①室内の温度	17〜28℃
②室内の相対湿度	40〜70%
③室内の気流	≦0.5m/s
④室内の空気清浄性 ┌浮遊粉塵量 ├一酸化炭素濃度 └炭酸ガス濃度	 ≦0.15mg/m³ ≦10ppm ≦1000ppm
⑤ホルムアルデヒド濃度	≦0.1mg/m³

図12-1　換気による汚染物質濃度の希釈

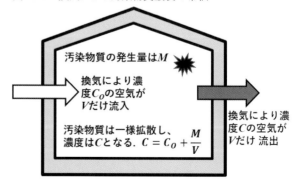

汚染物質の発生量はM

換気により濃度C_0の空気がVだけ流入

汚染物質は一様拡散し、濃度はCとなる。 $C = C_0 + \dfrac{M}{V}$

換気により濃度Cの空気がVだけ流出

ます。つまり、炭酸ガス濃度の基準値を守れば、他の物質の濃度基準値も自ずと守ることになります。炭酸ガス自体は毒性を有するわけではありませんが、人間の呼気には平均で炭酸ガスが0.015㎥/h（濃度ならば4%〈40,000ppm〉）含まれますので、在室者がいればそれを外気によって希釈して1000ppm以下**（表12-1の④）**[※24]にしなければなりません。建築基準法ではそのための外気量（必要換気量）を一人当たり20㎥/hと定めています。住宅では床面積80㎡に4人が住むと仮定すれば、必要換気量から定まる換気回数（n＝換気量÷建物容積）は凡そ0.5回/hになります。これが法令に従う換気です。

※24
「PPM」とは"Parts Per Million"の略のことで、10^{-6}（百万分の1）の意味です。

室内の汚染物質濃度Cは、**図12-1**を参考にすれば、(1)式で与えられます。

$$C = C_O + M / V \quad \cdots\cdots(1)$$

ここで、M＝汚染物質の発生量[㎥/hまたはmg/h、なおmg＝ミリグラム＝10^{-3}グラム]、V＝換気量[㎥/h]、C_O＝外気の汚染物質濃度です。またCとC_Oの単位は[比率またはmg/㎥]です。換気による濃度低下を、(1)式を用いて計算してみましょう。ウィルスなどを想定した場合、外気の汚染物質濃度C_Oは0と仮定できます。**図12-2**は、ほとんど換気されていない密閉状況（n=0.1回/hと仮定）の場合の濃度$C_{0.1}$に対して、換気量が増大した時の濃度Cがどのくらい低下するのか、両者の比率R（=C／$C_{0.1}$）でもって示しています。換気を法令に従って行った場合（n=0.5回/h）であれば、R=0.2となるので、濃度は密閉状況から80%も低下し、

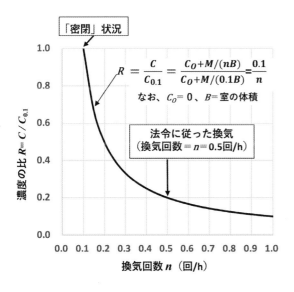

「密閉」状況

$$R = \frac{C}{C_{0.1}} = \frac{C_O + M/(nB)}{C_O + M/(0.1B)} = \frac{0.1}{n}$$

なお、$C_O = 0$、B＝室の体積

法令に従った換気
（換気回数＝n=0.5回/h）

濃度の比 $R = C / C_{0.1}$

換気回数 n（回/h）

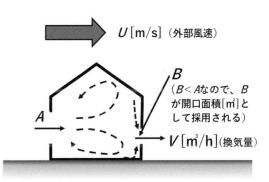

U[m/s]（外部風速）

B
（B＜Aなので、Bが開口面積[㎡]として採用される）

A

V[㎥/h]（換気量）

（左）**図12-2** 換気による濃度の低下
（右）**図12-4** 窓開け換気の方法

図12-3 換気の3方法（左から第1種換気、第2種換気、第3種換気）

ウィルス感染などのリスクも低下することが推察できます。

このような効果を有する換気ですが、それを実際に行う手法としては、よく知られているように、第1種換気、第2種換気、第3種換気の三手法があります。**図12-3**に示すように、三手法においては給気と排気の手段が異なりますが、法令においてはどの手法も認めています。この三手法は送風ファンを用いる機械換気ですが、送風ファンを全く用いない自然換気システムも実用化されています（ただし一般的ではありません）。また、コロナ禍では窓開け換気も勧められました。これはかなり有効な換気手法ですが、開け放つ開口部は最低でも2か所（向かい合う方がよい）必要です。なお、換気量は開口面積が小さい方の開口部の状況によって定まります**（図12-4参照）**。

12-28 ▶ 全熱交換換気と省エネ

コロナ禍を経験したことによって、熱交換換気は空気清浄と省エネを両立させる設備機器として世の注目を浴びるようになりました。熱交換換気には、顕熱交換と潜熱交換の両方を行う全熱交換換気と、顕熱交換しか行わない顕熱交換換気があります。日本のビル空調の世界では暖房と冷房の両方が必須ですので、熱交換換気は、暖房では顕熱回収、冷房では潜熱回収に大きな効果と意味が生じます。ですので、全熱交換換気が従前より省エネ換気システムの主流であり、既に標準的な省エネ技術の一つになっています。

このシステムは、換気の排気に含まれる熱（元々は暖冷房によって与えられた全熱（顕熱と潜熱））を回収して給気に付与するシステムですので、一般的にはダクトを用いて給気と排気を接近させる必要があります。ですから、全熱交換システムは第1種換気でなければ成立しません。熱交換（熱回収）の手法は、換気量が大量となるビルなどでは蓄熱ローターを使用した回転式の熱交換機が使用されますが、換気量が少ない住宅などでは静止型の熱交換器が多く使用されます。

図12-5 静止型全熱交換器の熱交換素子と熱交換のしくみ

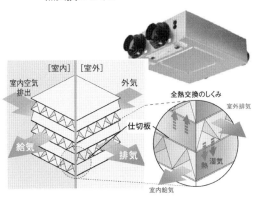

図12-6 熱交換素子の仕切板に使用される特殊加工紙(資料の提供:パナソニック)

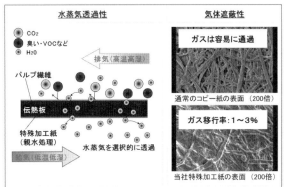

　図12-5 に静止型の熱交換器の写真と熱交換のしくみを示します。この熱交換器の熱交換素子においては、仕切板を介して給気と排気が隣り合わせに流れており、空気は混じりませんが熱と水蒸気は仕切板を透過します。このしくみによって、換気に影響を与えずに熱回収が行われます。ですから、仕切板が静止型全熱交換器の肝になる部材となります。近年、この仕切板の素材が改良され全熱交換器の性能がかなり向上しました。**図12-6** に改良された仕切板に使用されている特殊加工紙での選択透過(水蒸気分子だけを透過させる)の様子を示します。他方、仕切板が熱しか透過させない金属などであれば、熱交換器は顕熱交換器となります。

　全熱交換器の効果を具体的に示すために、熱交換効率を仮定して、給気と排気の温湿度の変化を計算してみました。結果を**図12-7** に示します。仮定した熱交換効率は、顕熱効率 η_S = 80%、潜熱効率 η_L = 60%であり、特別なものでなく一般的なものです。**図12-7** の左表に

図12-7 全熱交換器における熱交換効率と熱交換の例(熱交換前後の温度と湿度)

季節	項目	給気(supply)		排気(exhaust)	
		外気	熱交換器通過後	室内	熱交換器通過後
冬	温度 T[℃]	-2.0 →	17.2	22.0 →	2.8
	絶対湿度 X[g/kg']	2.6 →	5.1	6.7 →	4.2
	相対湿度 H[%]	79.9 →	41.6	40.8 →	91.8
夏	温度 T[℃]	35.0 →	27.8	26.0 →	33.2
	絶対湿度 X[g/kg']	18.0 →	13.6	10.7 →	15.1
	相対湿度 H[%]	50.5 →	57.9	50.9 →	47.0

顕熱交換効率 η_S=80%、潜熱交換効率 η_L=60%

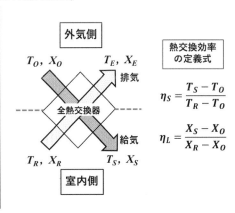

熱交換効率の定義式

$$\eta_S = \frac{T_S - T_O}{T_R - T_O}$$

$$\eta_L = \frac{X_S - X_O}{X_R - X_O}$$

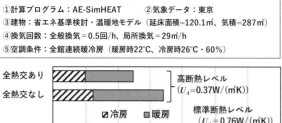

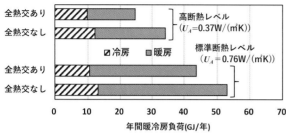

顕熱交換器と比べた全熱交換器のメリット	
項目	全熱交換器のメリットなど
換気熱負荷の回収	潜熱回収も行うので、冷房負荷が多い地域でも回収熱量が多く、年間を通して省エネ効果が高い。
梅雨季や夏季の室内湿度	換気によって入り込む湿った外気に対して、潜熱交換によって室内湿度に近づけてから室内に取り込むので、室内湿度の上昇を緩和する。
冬季の室内湿度	乾いた外気に対して、潜熱交換によって室内湿度に近づけてから室内に取り込むので、室内の過乾燥(低湿度)を抑制する。
臭気の移行	熱交換素子は、分子径の小さい水蒸気は通すが、分子径の大きい臭いの原因物質やタバコの煙などは通過させない。よって顕熱交換器と同様に、臭気は移行しない。
冬季の本体内の結露・結氷	熱交換素子に透湿性があり、潜熱も交換するため、顕熱交換器に比べると、一般に結露は少ない。ただし、寒冷地の極めて低い温度では少量の結露・結氷が出る場合がある。

(左)**図12-8**　全熱交換換気による年間暖冷房負荷の
　　　　　　削減(熱負荷シミュレーション)

(右)**表12-2**　全熱交換器のメリット

示す通り、熱交換器を通過することによって給気の温湿度は、冬は上昇し、夏は低下することがよく分かります。また、このような全熱交換換気システムを設置することによって、年間暖冷房負荷が削減され、どのくらい省エネになるか、暖冷房負荷シミュレーションによって調べてみました。結果を**図12-8**に示します。年間暖冷房負荷の削減率は、建物の断熱性や気象にも依存しますが、15〜30%と予測されます。高断熱の建物ほどこの削減率は大きくなりますので、全熱交換換気による省エネはこれからの高断熱時代においては決め手となる手法として大いに期待されます。なお、近年の送風ファンは直流モーターの採用などにより、省エネ化が進んでいますので、熱交換素子による圧力損失増加のために送風ファンの電気代が大幅に増加することはありません。

　最後に、こうした全熱交換換気のメリットを、顕熱交換換気との比較で考察し、**表12-2**にまとめてみました。従前の全熱交換換気は、潜熱回収や湿度交換の機能が今一つ不十分でしたが、上記の仕切板材料の改良によって、このような機能がかなり改善されました。蒸し暑い日々が続く日本の温暖地においては潜熱回収や湿度交換の機能が有効に働けば、消費者にも大きな恵みとなります。また、寒冷地においても冬期の過乾燥防止などにおいて十分貢献できることでしょう。

12-29 ▶ 空気清浄機と加湿器

　空気清浄機(ここでは類似品も含めて「空気清浄機」という)はコロナ禍によって大きな注目を集めました。空気清浄機によってコロナウィルスが本当に捕捉されたり不活化されたりして、感染のリスクが低下するならば、消費者はその商品を大いに歓迎することになります。また、PM2.5などによって外気自体が汚れていても、それを室内に取り込まねばならないケースもあります。では空気の汚れを積極的に取り除く空気清浄機に注目してみます。

　空気清浄機には清浄手法や除菌方法の違いによって、**表12-3**に示すような分類が可能です。空気から取り除かれる物は、それぞれの清浄機等によって異なりますので注意が必要です。①の濾過集塵式であれば、フィルターを高性能にすれば、かなりの種類の塵埃が捕捉されます。有名なHEPAフィルター(high efficiency particulate air filter)では0.3μm以上の粒子なら99.97%以上の捕集率があります。コロナウィルスの場合は、それを包む飛沫核のサイズが1μm程度ですので、HEPAフィルターはコロナウィルスも捕集できることになります。②の静電気集塵式においても0.3μm以上なら90%以上の捕集率になります。③と④は除菌式ですのでウィルスや細菌などの微生物に対してのみ有効となり、ハウスダストやPM2.5などの無生物に対しては効果がありません。

　ところで、上記の機器は空気を浄化する原理・手法は互いに異なっていますが、室内の空気を送風ファンでもって機器の中に寄せ集め、汚染物質を浄化した後、浄化空気を室内に吹き戻す点では上記の全機

表12-3　空気清浄機と除菌装置の種類と方法

	①濾過集塵式	②静電気集塵式	③光線照射・除菌式	④薬剤除菌式
空気清浄や除菌の方法	フィルターの濾過(ろか)作用によって汚染物質を集塵し、空気を浄化する。	高電圧によって汚染物質に静電気を与え集塵し、空気を浄化する。	光や紫外線をウィルスなどの汚染物質に照射し、除菌する。	次亜塩素酸水などを浸透させたフィルターにウィルスなどの汚染物質を含む空気を通過させ、除菌する。
外形写真(各社のHPより)				
商品名	パナソニック・ナノイーX	トルネックス・ブラスト	日立・エアロシールド	パナソニック・ジアイーノ

器で共通しています。このようなタイプの空気清浄機を稼働させた場合、室内の汚染物質濃度 C_2[mg/m³]はどれくらい低下するのか、考察します。**12-27節の図12-1**と同様な完全拡散モデルを用い、室内での汚染物質の増加と減少はバランスすると仮定すれば、(2)式が成立します。

$$M + C_O V + (1\text{-}\eta)\, C_2 V_f = C_2 V + C_2 V_f \quad \cdots\cdots(2)$$

ここで、M＝汚染物質の発生量[mg/h]、C_O＝外気の汚染物質濃度[mg/m³]、V＝換気量[m³/h]、V_f＝空気清浄機の風量[m³/h]、η＝空気清浄機の集塵効率[比率]です。(2)式を C_2 について解いて、さらに C_O=0 を想定しますと、(3)式が得られます。

$$C_2 = M \,\diagup\, (V + \eta V_f) \quad \cdots\cdots(3)$$

空気清浄機が稼働していない場合の濃度を C_1[mg/m³]とすれば、C_1＝$M\diagup V$となります。この式を(3)式と比べれば、分母に ηV_f が加算されていますので、空気清浄機はあたかも外気量(換気量)を増大させたような働きをすると見なすことができます。それゆえ、ηV_f は「空気清浄機の相当換気量」と呼ばれ、空気清浄機の評価に用いられます。

図12-9　空気清浄機の効果(機器稼働時の汚染物質濃度の低下率)

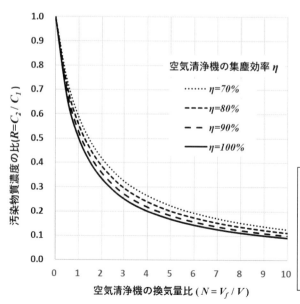

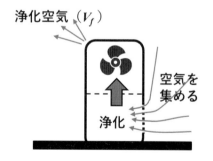

左のグラフは、室内の汚染物質濃度の比 (R)
$R = C_2 \diagup C_1 = 1 \diagup (1 + \eta N)$
を示す。ここで、
C_1＝空気清浄機が停止した時の室内濃度[mg/m³]
C_2＝空気清浄機が稼働した時の室内濃度[mg/m³]
$N = V_f \diagup V$
V＝外気量 (換気量) [m³/h]
V_f＝空気清浄機の風量[m³/h]
η＝空気清浄機の集塵効率[-]

表12-4　加湿器の種類と特徴

方式	加湿の方法	吹出状況	消費電力	製品のサイズ
①加熱式 （スチーム式）	水を加熱して湯気をつくる	吹出温度が高い	200〜300W	小さい
②気化式	水に風を当てて気化させる	吹出温度は室温より低い	10W前後	大きい
③加熱気化式 （ハイブリッド式）	水に温風を当てて気化させる	吹出温度は室温より低い	11〜98W	やや大きい
④超音波式	超音波振動子によって水を霧状にする	吹出温度は室温に近い。細菌も飛散する	20W前後	小さい

　次に、(3)式の両辺を C で除しますと(4)式が得られます。ただし N = V_f / V です。

$$R = C_2 / C_1 = 1 / (1 + \eta N) \quad \cdots\cdots (4)$$

　図12-9は上記の R をグラフ化したもので、空気清浄機を稼働させると、風量 V_f に応じて C_2 が低下することを示しています。また、集塵効率 η は70％以上であれば、濃度 C_2 に大きな差がなく、空気清浄機の性能としては問題はないことを見て取れます。

　最後に加湿器について若干触れます。暖房に合わせて加湿をすることは風邪の予防や健康増進のために効果的であり、更には室内の家具や内装材にも良いことだとされています。しかしながら、冬の湿度の低下については、夏の湿度上昇に比べると鈍感な人が多いこともあって、暖房設備の設置は当たり前でも加湿器は設置しない家庭が多いものと思われます。加湿器にもいくつか種類がありますので、機器の特徴を把握したうえで設置するとよいでしょう**（表12-4参照）**。

13 ▶ YUCACOシステム ①全館空調の総論

13-30 ▶ 室内空気循環の効果

　ようやく本書のテーマであるYUCACOシステム（全館空調）に辿り着きました。社会や行政の話、断熱や省エネルギー技術など、周り道をしてきたように見えますが、これらは本題である全館空調のための基礎であり、前提条件なのです。ですから、ここから本題になっても、まったく違和感なくすんなり話に入っていけます。

　筆者らが推進している住宅の全館空調システムは家庭用のエアコンを熱源とするシステムです。なぜエアコンかと言えば、日本の大半の地域では暖房と冷房の両方が必要であること、そしてエアコンが技術革新によってコストパフォーマンスが高い機器になったことが理由になります。ところで、エアコンによる暖房（つまり、空気暖房）には、外皮の断熱性が低い場合には空気温度を高めにしなければ暖かいという体感を得られないという問題がありました。しかし、7章の説明などでも分かるように、日本でも漸く高断熱化が進みだし、断熱に関しては問題のない住まいが増えていくことが予想されます。外皮の断熱性が高まると、空気暖房であっても**図13-1**のシミュレーション結

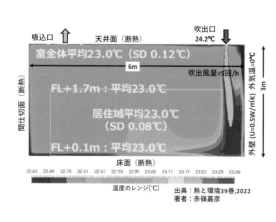

出典：熱と環境39巻,2022
著者：赤嶺嘉彦

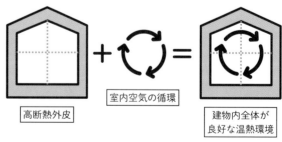

（左）**図13-1**　エアコン暖房による室内温度環境の様相（シミュレーション）

（右）**図13-2**　高断熱外皮と室内空気循環によって建物全体が良好な温熱環境へ

図13-3 断熱建物における室内空気循環の効果検討モデル（定常計算モデル）

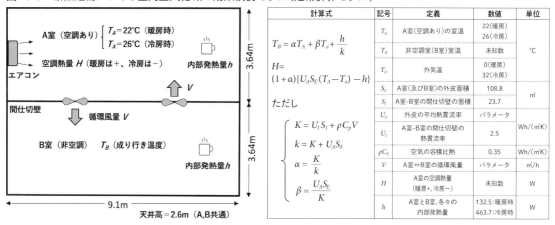

計算式	記号	定義	数値	単位
$T_B = \alpha T_A + \beta T_o + \dfrac{h}{k}$	T_A	A室（空調あり）の室温	22(暖房) 26(冷房)	℃
	T_B	非空調室（B室）室温	未知数	
$H=$ $(1+\alpha)\{U_A S_E (T_A - T_o) - h\}$	T_o	外気温	0(暖房) 32(冷房)	
ただし	S_E	A室（及びB室）の外皮面積	108.8	㎡
	S_I	A室-B室の間仕切壁の面積	23.7	
$K = U_I S_I + \rho C_p V$	U_A	外皮の平均熱貫流率	パラメータ	Wh/(㎡K)
$k = K + U_A S_E$	U_I	A室-B室の間仕切壁の 熱貫流率	2.5	
$\alpha = \dfrac{K}{k}$	ρC_p	空気の容積比熱	0.35	Wh/(㎡K)
	V	A室⇔B室の循環風量	パラメータ	㎥/h
$\beta = \dfrac{U_A S_E}{K}$	H	A室の空調熱量 （暖房+、冷房ー）	未知数	W
	h	A室とB室、各々の 内部発熱量	132.5:暖房時 463.7:冷房時	W

果が示すように、室全体の平均温度が23℃で且つ均一に近い温度分布になり、快適な温度環境となります。因みにこのシミュレーションでは、外壁の熱貫流率Uは0.5W/(㎡・K)であり、6地域の等級5クラスの断熱性であります**（表7-1参照）**。

　このようにエアコンによる暖房が問題のない状況になっていますが、高断熱を前提とした場合、エアコンをどこに取り付け、どのように使用するのが賢い方法なのでしょうか？ 結論を言えば、高断熱なら**図13-2**に示すように建物の中の空気を循環させて建物全体をできるだけ均一な温度にすることが高断熱の特長を活かした賢い方法と言えます。従来のように、小さな部屋にも一台一台エアコンを設置する方法では多数のエアコンが必要になり、多数の室外機が外に並んでしまいます。詳細は**14章**で説明しますが、高断熱にすれば少量の熱量で暖冷房を行えるようになりますので、30～40坪の住宅であれば、エアコン1台の熱量で暖冷房を行えるようになります。複数の部屋を1台のエアコンで暖冷房するには建物全体の空気を動かし循環させ、温度が低くなる場所や高くなる場所が発生しないようにすればよいのです。

　上記の空気循環による効果を、簡単な計算モデルによって確認してみましょう。今、**図13-3**の左に示すように、2室(A室とB室)を有する建物を想定します。A室にはエアコンが設置されていて一定の室温が維持されます。B室はエアコンがありませんので、成り行きの室温となります。A室とB室との間には間仕切壁があり、そこを熱が流れます。しかし間仕切壁を通過する熱量は大きくありませんので、送風ファンを取り付け、より大量の熱がA室とB室の間で移動するようにします。

　上記の送風ファンの風量(これが循環風量Vである)の効果を定常計算モ

図13-4　非空調室温(T_B)と空調熱量(H)に対する循環風量の影響(左が暖房時、右が冷房時)

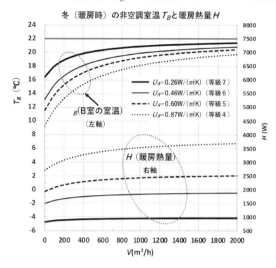

冬(暖房時)の非空調室温 T_B と暖房熱量 H

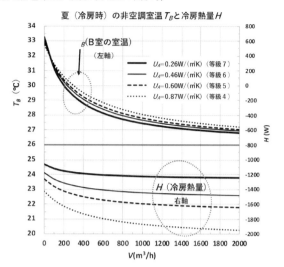

夏(冷房時)の非空調室温 T_B と冷房熱量 H

デル(図13-3の右)によって分析した結果を図13-4(左が冬、右が夏)に示します。両図は横軸にVを取っています。T_B(B室の室温)のグラフを見ると、Vの影響がかなり大きいことを読み取れます。特に夏の冷房の場合には、建物の断熱性(U_Aで示す)は影響が小さく、T_BはVが大きいほどT_Aに近くなります。冬の暖房では、T_BはVとU_Aの両方の影響を受けます。一方、暖房負荷と冷房負荷に対しては、Vの影響は小さくU_Aの影響が大きいことが分かります。

13-31 ▶ YUCACOシステムの考え方と構成

　住宅全館空調の手法に対してはいくつかの方法が考えられます。ここでは筆者らが2010年頃から取り組んでいるYUCACOシステム(以下「YUCACO」と略す)について、考え方と概要を紹介します。

　YUCACOのコンセプトを図13-5に示します。この空調システムは図の右に示すように、①〜③の三つの要素から構成されています。表13-1ではこの3要素についてやや詳しく説明しています。また、構成要素となる設備機器等の主なものの写真を図13-6に示します。このシステムの基本となる方針(考え方)を、三つの構成要素に対応させて述べれば、以下のようになります。

　　①建物外皮は高断熱・高気密・高日射遮蔽、つまり高性能仕様である。外皮性能の目安は断熱等級6以上とする。

図13-5　YUCACOシステムのコンセプト(構成要素は①②③)

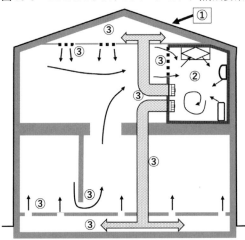

①高性能外皮(等級6以上の高断熱・高気密・高日射遮蔽)

②空調ユニット
・壁掛けエアコン(1台)
・空気清浄機など
・全熱交換換気システム
・小型送風ファン(複数台)
※加湿器は他の場所に設置

③空調空気の循環経路
・ダクト(必要本数)
・空調チャンバー(床下、天井裏床など)
・空調吹出口(多数)
・室間の開口(数個)
・空調ユニットへの吸込口(1口)
※ダクト方式か、チャンバー方式かの選択は柔軟に考える

②建物には空調ユニットを設ける。空調ユニットには、熱源となる壁掛けエアコン、及び、空気清浄に寄与する全熱交換換気システムと空気清浄機を設置する(ただし加湿器は除く。理由は後述する)。空調ユニットに、人体における心臓のような働きをさせる。つまり、空調ユニットには送風ファンを設置し、心臓から色々な血球や栄養素が身体の隅々まで送られるように、送風ファンから、温度、湿度、及び、清浄性が調整された空気を建物の隅々まで送る。

③空調ユニットから送られてくる空気の循環経路を確実に設計する。空気の循環経路には流れの断面積が小さくなる箇所(大きな圧力損失[※25]が発生し風量減少の原因となる)や、流れが短絡(ショートカット[※26])する箇所(空調空気が隅々まで行き渡らない原因となる)を作らないこ

※25
「圧力損失」の説明については14-34を参照してください。

※26
「ショートカット」する流れとは、想定より遠くまで届かず、途中で停滞したり戻ったりするよう流れのことです。

表13-1　YUCACOシステムの構成要素と設計時の心得

構成要素	構成要素の目的／理由	設計目標、あるいは、構成要素の詳細	設計時の心得
①高断熱・高気密・高日射遮蔽の外皮	快適性と省エネ性(暖房負荷と冷房負荷の低減)を確保する。	・断熱は等級6以上を目標にする(表6-1参照)。 ・気密性はC≦1cm²/m²が目安となる。 ・日射遮蔽性はη_{AC}≦1%を目標にする。	外皮設計を誤ると、本システムは成立しないので、左の設計目標は遵守すること。
②空調ユニット	必要な温熱・空気環境を確保するための機器をユニット内に備える。	・壁掛けエアコン:空調熱源のため ・全熱交換換気システム:換気と省エネの両立のため ・空気清浄機など:空気の浄化のため ・小型送風ファン:空調された空気を送風する	本システムのコアとなる要素である。エアコンや送風ファンの仕様・台数については14章を参照する。
③空調空気の循環経路	小さな圧力損失(少ない消費電力)で、十分な量の空調空気を建物の隅々まで搬送・循環させる。	・ダクト:空調された空気の通り道 ・空調チャンバー:均等な風量で吹出すためのしくみ ・空調吹出口:空調が必要な場所に必要な個数の吹出口を設置する ・室間の開口:ドアのアンダーカットは大きくする ・空調ユニットへの吸込口:各部屋にばらまかれた空気はここに集まり、再び空調ユニットに戻る。	空気が無理なく流れる(流れの断面積が小さくならない)ことと、流れがショートカットする箇所をつくらないことが肝要となる。実際の設計は14章を参照する。

とが肝心である。チャンバー方式はダクトを用いずに空気の流れを建物の隅々まで行き渡らせるために有効な手法である。

　さて、YUCACOの基本は上記で説明されましたが、以下の2点を補足しなければなりません。一つは、室温の制御に関する考え方です。空調システムが供給する熱量は、温度差(空調空気の吹出温度と室温との温度差)と風量(空調空気の吹出風量)の積に比例します。一般的な空調システムには、室温を一定に維持するために、吹出温度や風量を調節して供給熱量を変化させる制御機構が装備されています。例えば、暖房時に室温を検知して暑すぎであれば風量を減らして供給熱量を減らします。しかし、YUCACOは小温度差・大風量空調という考え方で設計されますので、上記のような意味での室温制御装置は装備されていません(ただし空調ユニット内のエアコンの温度制御機構は使用する)。このことについては、15-36で更に説明します。YUCACOはベースとなる温熱環境(大半の人がほぼ心地よいと感じる温度・湿度)を建物全体で確保するための空調システムです。多くの人はYUCACOで一年中満足できる温熱環境を得られます。しかし、温冷感の個人差までは解決してくれませんので、着衣量や扇風機などによる体感温度の微調整は必要です。

　二つ目は、冬期の加湿についてです。加湿器については12-29で紹介しましたが、図13-5の空調ユニットには加湿器が設置されていません。加湿器を空調ユニットに設置しない理由は、加湿器が気化式の場合、気化熱によって空調吹出口での温度が少し低下し、それが居住者にやや不快感を与えるかもしれないからです。しかし、そのような心配がない場合は、加湿器を空調ユニットに設置しても問題がありません。

図13-6　構成要素の写真(左から、エアコンと送風ファン、全熱交換器と床下チャンバー・ダクト、空気清浄機と床吹出口)

14 ▶ YUCACOシステム ②設計の要点

14-32 ▶ YUCACOシステムの設計手順と設計暖房／冷房負荷

　前節でYUCACOの概要と構成要素を示しましたので、ここでは構成要素をどのように決定して、システム全体を構築するかということ、つまりYUCACOの設計について説明します。**図14-1**に設計手順の概略を示しました。YUCACOの設計において、まず必要となる情報は、当たり前のことですが、建物の情報になります。建物の平面図と断面図がなければ、YUCACOの設計は始められません。それから、建物の断熱性を示すU_A値と、日射遮蔽性を示すη_{AC}値も算出されていることが望まれます。たとえ両者が算出されていない場合でも、両者の目標値は決まっていなければなりません。

　以上のような状況であれば、まずは平面図と断面図を見ながら空調空気の循環経路を定めることになります。循環経路の決定に当たっては**14-31**で述べたように、大きな圧力損失(以下「圧損」と略す)や流れの

図14-1 YUCACOシステムの設計手順

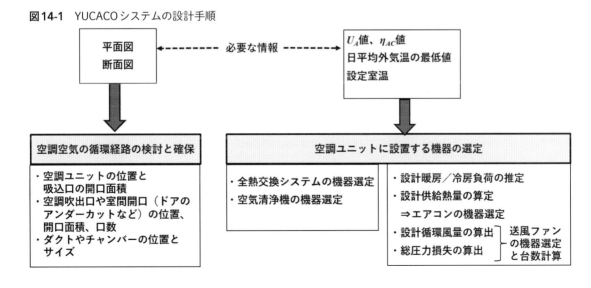

表14-1 設計暖房／冷房負荷の計算式と設計負荷計算における設定値

設計負荷の計算式（暖房が＋、冷房が−）	記号の説明と設定値（設計負荷計算における）
$L = L_S + L_L$ ここで L ＝設計負荷（床面積当たりの全熱）[W/㎡] L_S ＝設計顕熱負荷（床面積当たり）[W/㎡] L_L ＝設計潜熱負荷（床面積当たり）[W/㎡] ただし、 $L_S = (mU_A + C_V)(T_R - T_O) - m\eta_A J - G$ $L_L = [0.875\{nB(1-\eta_L) + V_L\}(X_R - X_O)$ $\qquad -0.7w] / A_F$ $C_V = 0.35\{n_B(1-\eta_S) + V_L\} / A_F$ $m = A_E / A_F$ ※設計負荷は、暖房負荷が正の数値、冷房負荷が 　負の数値で算出される。	A_F ＝全床面積[㎡]＝120.1 A_E ＝全外皮面積[㎡]＝314.7 B ＝気積（全般換気の対象となる）[㎡]＝288.3 G ＝内部顕熱発熱量（床面積あたり）[W/㎡]＝4.57 J ＝設計負荷用の水平面全天日射量[W/㎡]＝0（暖房）or 450（冷房） n ＝全般換気の換気回数[回/h]＝0.5 T_O ＝設計負荷計算用の外気温[℃]＝地域別（表14-2参照） T_R ＝設定室温[℃]＝22（暖房用）or 26（冷房用） U_A ＝外皮平均熱貫流率[W/㎡K]＝等級6以上の基準値（表6-2参照） V_L ＝局所換気の換気量[㎥/h]＝27.7 w ＝水蒸気発生量（建物あたり）[g/h]＝150 X_O ＝設計負荷計算用の外気絶対湿度[g/kg']＝地域別（表14-2参照） X_R ＝設定室内絶対湿度[g/kg']＝6.6（暖房、40%）or 10.7（冷房、50%） η_A ＝平均日射熱取得率[比率]＝暖房時は0、冷房時は0.01以下 η_S ＝全般換気の顕熱熱回収効率[比率]＝0.8 η_L ＝全般換気の潜熱熱回収効率[比率]＝0.6

ショートカットが発生しないように注意しなければなりません。圧損のことについては次節で更に説明します。また、既述したように、チャンバー方式空調は建物の隅々まで空調空気を行き渡らせるためには良い方法ですが、唯一無二の手法ではなく、ダクトを用いても同様な温熱環境を形成することは可能です。チャンバー方式の方が、ダクト施工が少ないので失敗リスクは低いと思われますが、基礎断熱（床チャンバーの場合）や屋根断熱（天井チャンバーの場合）が必須になりますので、建築コストはやや上昇することになるでしょう。

　循環経路が定まれば、次は空調ユニットに設置する機器を選定することになります。ここで最も重要なことは空調システムの設計のための暖房負荷と冷房負荷を決定することです。それが決まれば、熱源となるエアコンや送風ファンの機種や台数を決定することができます。設計用の暖房／冷房負荷の想定・算定については種々の方法が考案されてきましたが、本書では、**表14-1**に示す定常計算モデルを用いてこ

表14-2 設計暖房／冷房負荷計算で使用する気象データ（拡張アメダス2010）

地域区分		2			3	4	5			6			7		8	地域に無関係
代表都市		北見	岩見沢	札幌	盛岡	長野	仙台	宇都宮	新潟	東京	大阪	岡山	福岡	宮崎	那覇	
暖房用	T_{OH}[℃]	-16.0	-13.4	-8.2	-7.6	-3.6	-1.4	0.1	0.0	2.9	3.7	2.4	3.9	3.1	13.4	none
	X_{OH}[g/kg']	1.0	0.8	1.1	1.5	2.6	2.1	2.0	2.9	2.9	2.8	2.6	2.4	1.9	5.0	2.5
冷房用	T_{OC}[℃]	27.3	26.8	28.0	26.4	29.2	30.4	28.9	29.7	31.0	31.3	30.9	31.1	30.6	30.2	31.0
	X_{OC}[g/kg']	14.9	15.1	15.3	15.6	13.5	15.1	15.6	18.5	16.7	15.7	16.9	17.3	18.4	19.1	17.0
T_{OH}[℃] ＝日平均気温の年間最低値								T_{OC}[℃] ＝日平均気温の年間最高値								
X_{OH}[g/kg'] ＝T_{OH}が発生した日の日平均絶対湿度								X_{OC}[g/kg'] ＝T_{OC}が発生した日の日平均絶対湿度								

図14-2 設計暖房負荷を求めるチャート

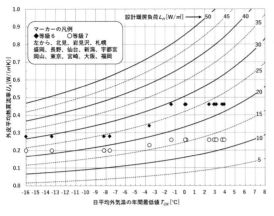

図14-3 設計冷房負荷を求めるチャート

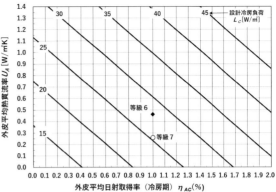

れらの負荷を計算し、その計算結果を用いて作られたチャートを用いてこれらの負荷を定める方法を採用します。設計用の暖房／冷房負荷には、伝熱計算モデルの計算精度と人為的な発熱の想定範囲という、二種類の問題が影響します。**表14-1**の計算モデルでは、YUCACOは連続空調で運転されるのが基本ですから、蓄熱の影響は小さいと見なし、定常モデルを採用しています。また、人為的な発熱や発湿については、省エネ基準で定められている条件に準じて設定しています。換気による熱負荷も全般換気[※27]と局所換気[※28]に分離して算定しています。なお、この計算モデルよる最大熱負荷を非定常シミュレーションの結果と比較して、計算モデルの妥当性も検証しています。[※29]

　この計算モデルに気象データ（**表14-2参照**）や建物データ（省エネ基準検討モデル）を代入して作成した設計負荷（床面積当たり）チャートが**図14-2**（暖房）と**図14-3**（冷房）です。**図14-2**を用いれば、設計負荷を日平均気温の年間最低値（T_{OH}）とU_A値から読み取ることができます。例として**表14-2**に示した都市における断熱等級6と7の設計暖房負荷を示しました。一方、冷房の方は、η_{AC}値とU_A値から設計冷房負荷を読み取るようになっていて、地域性は考慮されていません。これは、設計負荷が大きくなる温暖地（5〜7地域）においては、最大冷房負荷の計算に用いる気象データ（外気温湿度と日射量）は地点間の差がそれほど大きくないので、同一のデータ（**表14-1**のJと**表14-2**の「**地域に無関係**」の欄の外気温・湿度）を用いたからです。

※27
「全般換気」とは12-27で示した法令で定められた換気のことです。

※28
「局所換気」とは台所やトイレ、浴室などにおいて必要な時（汚染空気や臭気を排出するときなど）だけに行われる換気のことです。

※29
（一社）YUCACOシステム研究会のHPの会員専用ページに掲載されている「最大負荷略算法の検討.pdf」を参照してください。

14-33 ▶ YUCACOシステムにおける機器選定のプロセス

実際のYUCACOの設計においては、前節で示した設計負荷の推定手法を用いて設計負荷を定め、その負荷に従って空調ユニットに設置する機器を選定し、機器のレイアウトを行えばよいのです。このプロセスをもう少し詳しく示せば、**図14-4**のようになります。本節と次の**14-34**ではこのプロセスを説明したいと思います。

表14-3に示すように、札幌と東京で断熱等級6と7の建物にYUCACOを導入する例を想定します。断熱等級を定めましたので、U_A値は**表6-1**より自動的に設定されます。問題はη_{AC}値です。**表6-1**にはη_{AC}の基準値も提示されていますが、これは等級4の基準値をそのまま横滑りさせたものであり、高断熱住宅に相応しい日射遮蔽の仕様を十分に検討して定めたものではありません。よって、本書では**9-21**でも述べましたように、オーバーヒート対策を勘案して、η

図14-4　YUCACOシステムの設計プロセスとデータの流れ

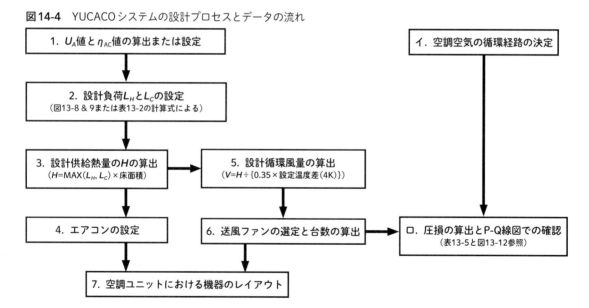

表14-3　設計供給熱量と設計循環風量の計算例

都市	断熱等級	U_A [W/㎡K]	η_{AC} [%]	設計負荷（床面積当たり）		設計供給熱量H[W]	設計循環風量V[㎥/h]	送風ファン台数
				暖房 L_H[W/㎡]	冷房 L_C[W/㎡]	L_H, L_Cの大きい方×床面積（120㎡）	$H \div \{0.35 \times$ 設計温度差(4K)$\}$	$V \div$1台風量(200㎥/h) ※小数点以下切上げ
札幌	6	0.28	1	24	22	2880	2057	11
	7	0.20	1	18	21	2520	1800	9
東京	6	0.46	1	23	28	3360	2400	12
	7	0.26	1	13	25	3000	2143	11

$_{AC}$=1%をこの解説例における設定値とします。U_A値とη_{AC}が定まれば、前節の**図14-2**と**図14-3**より設計暖房と冷房負荷が推定されます（ただし、札幌の冷房負荷は表14-2の気象データを用いて表14-1の計算式によって算出）。この推定結果は、**表14-3**の設計負荷の欄にL_HとL_Cとして記載されています。L_HとL_Cを比較して大きい方を選び、それに床面積を掛けたものが、建物の全体の設計熱負荷であり、空調システムが供給すべき最大の熱量（設計供給熱量H）になります（**表14-3参照**）。エアコンは通常、暖房出力より冷房出力の方がやや小さいので、冷房出力がHより大きい機種をエアコンのカタログなどから選定します。これはHがL_Hで決定される場合にはやや大きめのエアコンを選定してしまうことになるかもしれませんが、設備機器はこの程度の余裕があった方が適切です。

　次に送風ファンの選定になりますが、選定の前に空調空気の設計循環風量Vを算出しなければなりません。送風ファンが搬送する熱量は$0.35 \times \varDelta T \times V$で計算され（0.35は空気の容積比熱[Wh/(m³K)]）、この熱量が設計供給熱量Hとバランスすることになります。従って、$V=H \div (0.35 \times \varDelta T)$から、$V$を算出できることになります。ここで、$\varDelta T$は設計温度差と称され、空調ユニット内の設定温度と室温との温度差[K]のことです。YUCACOでは、この$|\varDelta T|=4$Kとすることを推奨しています。つまり、暖房であれば室温が22℃で空調ユニット内の温度が26℃です。冷房であれば室温が26℃でユニットが22℃です。以上のような想定の下で算出したVを**表14-3**に示します。なお、$\varDelta T$に関するこのような想定については、**15章**においてもう少し詳しく述べます。

　最後に、送風ファンの選定について述べます。送風方法としては、大きなファンを選んで台数を少なくするという手法もありますが、

図14-5　YUCACOシステムにおける空調空気の循環経路と圧損の発生個所

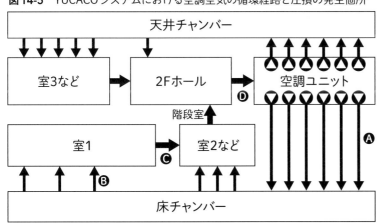

圧損を考慮する箇所
- Ⓐ ダクト
- Ⓑ 室1の空調吹出口（3口）
- Ⓒ 室間の開口（アンダーカット）
- Ⓓ 空調ユニットの吸込口

図14-6　送風ファンとP-Q線図

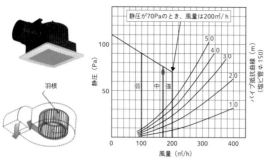

表14-4　圧力損失の計算例

圧損が発生する個所	圧損の計算式	圧損 ΔP の計算			ΔP [Pa]
		風量 V [m³/h]	ダクト長 L [m] ダクト直径 D [cm] 開口面積 A [cm²]		
Ⓐダクト	$22.5 \dfrac{LV^2}{D^5}$	$V=200$（ダクト1本当たり）	$L=10$ $D=15$		11.9
Ⓑ室1での吹出口（入口）	$18.5 \dfrac{V^2}{A^2}$	$V=200$（吹出口1口当たり）	$A=350$ 10cm×35cm		6.0
Ⓒ室間の開口（室1と室2の間の開口）		$V=600$	$A=540$ 90cm×6cm		22.8
Ⓓ空調ユニットへの吸込口	※下の注を参照	$V=2400$（全循環風量）	$A=4500$ 50cm×90cm		5.3
				合計 ΔP_T	46.0

注）ただし、流量係数 α =0.5とする。

YUCACOでは小型のファンを多数使用するという手法を採用しています。その理由は、近年、小型ファンの性能が直流モーターの採用などによって非常に高くなり、静圧が高く消費電力の少ない、省エネ性の高い小型ファンが妥当な価格で販売されているからです。この種のファンは主に局所換気用の天井扇として販売されていますが、YUCACOではこのファンを多数使用し、システム全体の省エネ性を高めています。1台当たりの風量が200㎥/hのファンを仮に選んだ時のファン台数が**表14-4**に示されています。一方、**図14-4**に示したように、空調空気の循環経路は、熱量計算とは別に決めておきます。**表14-3**の中の「東京の等級6」で選定した送風ファンを、ここで定めた循環経路に当てはめますと、**図14-5**のようになります。なお、この図の中の圧損については次節で説明します。

図14-7　円形ダクトの圧力損失（長さ10m）

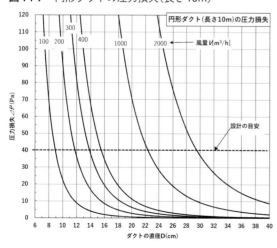

図14-8　開口の圧力損失（小風量）［1000㎥/h以下］のケース

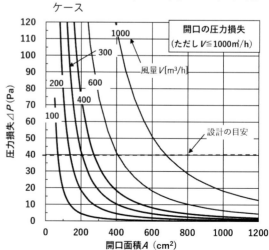

14-34 ▶ 圧力損失の計算と静圧の様子

　YUCACOの設計においては、**図14-4**にも示されているとおり、「圧損の算出とP-Q線図での確認」という作業が必要です。P-Q線図とは送風ファンのメーカーが技術資料として提供しているもので、ファンの静圧（P）と風量（Q）との関係（測定値）が示されています。例として、YUCACOで使用されている送風ファンの写真とP-Q線図を**図14-6**に示します。このP-Q線図では最大風量は200㎥/hで、その時の静圧は70Paになっています。ですから、今、送風ファン1台あたりの風量を200㎥/hとすれば、2400㎥/hの風量に対しては、ファンは12台必要ということになります。ファンは並列で使用しますので、ファンの静圧は12台のどのファンでも同じであり、圧損が70Paまでは、12台のファンでもって2400㎥/hの風量を送風できることになります。

　一方、空調空気の循環経路の方に注目しますと、経路においては圧損が発生します。経路全体での圧損（種々の圧損の合計値）をΔP_Tとして、この値を推計してみます。一本の空気の流れを想定しますと、圧損は、流れが速くなる風道（ダクト）や流れが狭くなる開口などにおいて大きな値になります。他方、室やチャンバーなどの断面積が広いところでは大きくなりません。前節の**図14-5**に示したモデル循環経路に対して、経路内のいくつかの圧損を推計し、ΔP_Tを推計してみます。値が大きく、ΔP_Tに参入すべき圧損はⒶ〜Ⓓの4か所であると判定できます。これらの個所における圧損の計算結果を**表14-4**に示します。ΔP_Tは46.0Paでファン静圧の70Pa以下なので、最大で2400㎥/hの風量が

図14-9　YUCACOシステムにおける空気循環経路と静圧の状況

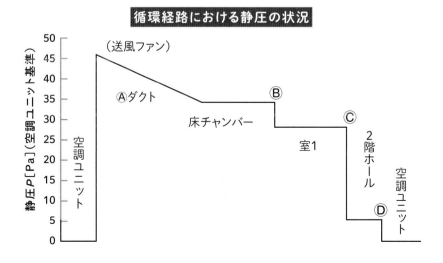

可能であることが確認されました。

　表14-4にも示されている通り、圧損の計算式はダクト用のものと開口用のものに大別されます。両方の圧損の特徴を知るために、計算式から算出される圧損を縦軸に取り、計算結果を**図14-7**（円形ダクト用）と**図14-8**（開口用）に示します。**図14-7**はダクト長が10mのときのグラフです。戸建住宅の場合であれば、これは長めにとった結果になると思います。横軸は、ダクトでは直径（円形ダクトの断面の）、開口では開口面積になっています。**図14-7**でも**図14-8**でも、圧損は急激な右下がりの曲線になっていて、流れの断面積が大きくなると、圧損は急激に低下することが示されています。設計上の目安としては1か所での圧損は40Pa以下にすることが望まれます。そうすれば、$\mathit{\Delta}P_T$が、送風ファンの静圧である70Paを超えることが起こりづらくなります。

　表14-4の結果をグラフ化すると、**図14-9**のようになります。この図をみると、Ⓒの箇所（室1と室2の間の開口）が大きな圧損になっていて、ここの開口面積をできるだけ広くとることが$\mathit{\Delta}P_T$を大きくしないためには重要であることが分かります。なぜⒸが大きくなるかと言えば、ここは**図13-11**からも分かるように、室1の3口の吹出口から吹出された600㎥/hの空気がⒸの部分1箇所に集まるからです。**表14-4**では、Ⓒに対して540c㎡（90cm×6cm）の開口面積をとって圧損を22.8Paに抑え込んでいます。Ⓒについては、実際はドアのアンダーカットなどの場合が多いと思いますが、アンダーカットの開口面積が十分でない場合はガラリ付きのドアなどに変更したりして、十分な開口面積を取ることに努めましょう。

15 ▶ YUCACOシステム ③実測と検証

15-35 ▶ 三鷹Ⅰ邸の実測データと検証

　YUCACOの考え方と設計については**13章**と**14章**において基本と要点を示しました。YUCACOは特殊な部品や機械などを使用しない、誰でもが容易に調達できる製品によって構成されています。YUCACOは一般に普及させることを一番目の目標として開発したために、このような選択になりました。ただし、エアコンについては、YUCACOでの使用が保証不可の使用方法であると見なされる場合もありますので、注意が必要です。[30]

　2011年に建てられた三鷹Ⅰ邸はYUCACOの導入第一号として関係者の間ではよく知られています。この住宅の設計・施工・検証については、既に紹介本(「YUCACOシステム」井口雅登・坂本雄三共著、2020年11月)を出版しましたので、詳しくはそちらをご参照ください。本書では、この住宅における最近の温度データなどを紹介し、YUCACOの評価に資することとします。

　YUCACOは**13-31節**で述べたように「小温度差・大風量」という方針で設計された空調システムです。これはビル空調の常識から見れば、かなり常識はずれの方針ですので、この方針に問題がないことを確認しておく必要があります。YUCACOの設計では、設計負荷(事実上の最大暖冷房負荷)を満たすように、設計温度差が4Kの場合の風量を設計循環風量とします**(14-33節参照)**。しかし、YUCACOでは室温制御ための風量制御装置(VAV装置)を取り付けませんので、負荷が設計負荷よりかなり小さな場合でもこの設計循環風量でYUCACOを運転させることが原則となります。その結果、室には設計室温の維持に必要な熱量より多めの熱量が供給される傾向になり、室温は、冬は暖めすぎによって22℃(設計室温)より高めに、夏は冷やしすぎによって26℃(同)より低めになることが予想されます。もし暖冷房負荷がゼロの場合には、室温は空調ユニットの設定温度(冬26℃、夏22℃)になることが予想

※30
これは以前にエアコンメーカーから受けた指摘です。空調ユニットの空間のように閉鎖的で狭い空間にエアコンを設置した場合は機器(エアコンのこと)の性能・機能が保証されないという趣旨でメーカー側は指摘をしていましたが、空調ユニットは**図13-5**に示したように、吸込口やダクトによって他のスペースや室と繋がっていますので、このような指摘は全く外れています。最近は全館空調が普及してきたせいか、このようなトンチンカンな指摘は少なくなりました。

図15-1　三鷹Ⅰ邸の断面図（YUCACOシステム）と平面図

され、十分すぎる室内環境になることが予想されます。つまり、YUCACOでは、室温が年間を通して22〜26℃の快適な範囲に収まりますので、室内環境としては優れていますが、省エネとしては改良の余地があるのかもしれません。それでは、こうした予見が正しいのかどうか、実際のⅠ邸のデータを分析して調べてみましょう。

　図15-1にⅠ邸の図面と概要を示します。Ⅰ邸のYUCACOは、本書の**図13-5**に示したものとほぼ同じようなシステムですが、送風ファンの設置位置や2階の空調チャンバーの位置が異なります。Ⅰ邸は、U_A＝0.38W/(㎡・K)且つη_{AC}＝0.80%ですから、YUCACOに必要な外皮性能を満たしています**(14-33節を参照)**。ここでは2019〜2021年の3年間における毎正時のデータについて紹介します。**図15-2**は代

図15-2　外気と室の温度と絶対湿度の変動の状況（2019.1.1〜2021.12.31）

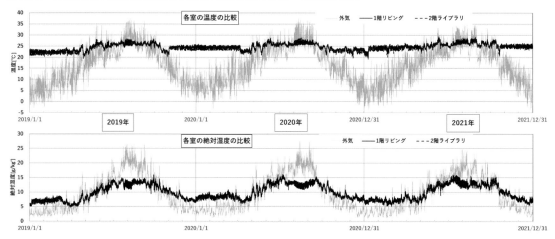

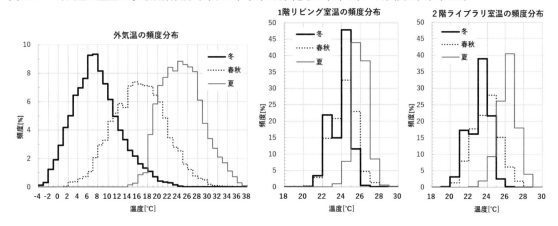

図15-3　外気温と室温の季節別頻度分布(冬:12, 1, 2, 3月)(春秋:4, 5, 10, 11月)(夏:6, 7, 8, 9月)

図15-4　YUCACOシステムの毎年の消費電力

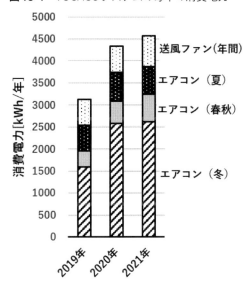

表的な2室(1階リビングと2階ライブラリ)の室温と絶対湿度を時系列でグラフ化したものです。ただし、両室のデータは同じような値のため、グラフでは1本の実線のように見えます。3年間を通じて室温は21〜28℃の範囲に収まっていて、上記の予見に近い温度になっています。図15-3には、この室温データの頻度分布を季節別に示します。頻度が高い温度を探すと、冬は23〜25℃、夏は25〜28℃であり、設計室温(冬22℃、夏26℃)よりやや高めの時が多いことが分かります。つまり、VAVなどの室温制御装置を設置しなくても、YUCACOによる室内環境は年間を通して快適であり、予想通りであることがわかりました。なお、居住者の井口先生は、送風ファンは年間を通じて「弱」運転、エアコンの設定温度は、春秋は24℃前後に変更すると回答しています

ので、これがYUCACOの標準的運転方法と言えるでしょう。

　また、**図15-4**に示すように、YUCACOの消費電力は、2019年より、2020年と2021年が冬のエアコン消費量が大きいために全体としてかなり大きくなっています。**図15-2**をよく見ると、冬の室温は2020年と2021年が2019年より2K程度高く、そのためにエアコンの消費電力も増えたことを推察できます。先の予見でも述べた通り、省エネの観点からはYUCACOの運転方法は工夫の余地があると思われます。

15-36 ▶ 小温度差・大風量空調の評価と簡易な全館空調

　前節において、YUCACOの「小温度差・大風量」方式は年間を通して22〜26℃の快適な室温をシンプルな方式で提供するシステムであることが分かりました。ただ、より省エネを追求するのであれば、エアコンの設定温度などの運転手法において工夫の余地があることも示唆されました。といっても、気象状況に沿ってエアコンの設定温度を自動的に細かく変化させることなどは、やろうと思えば可能でしょうが、コストアップの一因になりますので、現在の段階では標準装備というわけには行きません。

　ここでは、空調ユニットの設定温度とそれから導かれる設計循環風量についてもう少し検討した結果を紹介します。14章において、空調ユニットの設定温度を冬26℃、夏22℃と設定しましたが、これは経験的に設定した温度ですので、もっと適切な温度があるのかもしれません。そこで、シミュレーションによってこの問題を検討してみました。

　表15-1に示すように、空調ユニットの設定温度によって定まる循環風量に対して、A、B、Cの3ケースを想定し、各ケースの室温をシミュ

表15-1　循環風量と設定温度の検討に用いたシミュレーションと計算ケース

暖冷房負荷シミュレーションでの設定	ケース名	設計循環風量 [㎥/h]	季節	空調ユニット設定温度 [℃]	設計室温 [℃]	設計温度差 [K]	設計供給熱量 [W]
①計算プログラム：AE-SimHEAT ②建物モデル：省エネ基準検討用戸建住宅 　延床面積=120.1㎡　外皮面積=312.8㎡ 　気積=287㎥ 　U_A値=0.38W/(㎡·K)　η_{AC}値=1.6% ③換気条件：全般換気の換気回数=0.5回/h，顕熱交換器付き（交換効率=80%） ④YUCACOシステムの想定：右表 ⑤気象条件：岡山市（6地域）	Aケース（超大風量）	10,061	冬	23	22	+1	3521
			夏	25	26	-1	
	Bケース（大風量）	2,515	冬	26	22	+4	
			夏	22	26	-4	
	Cケース（中風量）	1,437	冬	29	22	+7	
			夏	19	26	-7	

図15-5　代表室の室温頻度分布に関するケース比較（シミュレーション）

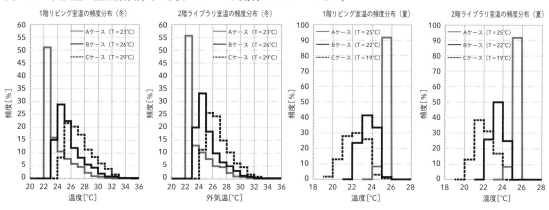

レートしました。Bケースが、これまで設定してきたYUCACOの標準設計条件です。つまり、設計温度差＝4K且つ循環風量＝2515㎥/hです。また、Aケースは超大風量の条件、Cケースは中風量の条件です。ただし、これら3ケースでは供給できる最大空調熱量（冷房）は同一で、3,521Wです。ですから、最大冷房負荷が発生する日時では、3ケースとも同一の室温になりますが、それ以外の日時では、空調ユニットの設定温度と循環風量が異なるため、室温は各ケースで異なることになります。シミュレーション結果を**図15-4**に室温頻度分布として示します。

　予想通り、A、B、Cの順で室温の頻度分布は裾野が拡がっていき、Aケースが冬も夏も設計室温に近いところに頻度が集中して、温度だけで考えれば最も省エネ的であることが分かります。つまり、Aケースでは、冬は22～23℃間の頻度が50%以上、夏は25～26℃間の頻度が90%であり、「無駄のない」室温になっているのです。しかし、**表15-1**に示す通り、Aケースでは設計循環風量は1万㎥/hを超えており、送風ファンは50台という非現実的な台数になってしまい、消費電力もBケースの4倍以上になることが予想されます。**図15-4**のⅠ邸の実態から類推すると、この場合の送風ファンの消費電力はエアコンの消費電力に比肩することになり、Aケースは省エネ的とは言えなくなります。反対に、Cケースでは冬の暖めすぎ、夏の冷やしすぎが目立ちますので、これもよい方式とは言えません。結局、Bケースが無難であるという結論に到達します。しかしコストなどに問題がなければ、空調ユニットの設定温度を冬25℃・夏23℃に変更して循環風量をBケースより少し増やすことは可能かもしれません。

　最後に、YUCACOの簡易化として、**図15-6**と**図15-7**を紹介します。前者は狭くて空調ユニットを設けられない戸建住宅において、階別に

図15-6 階別にエアコンと送風ファンを設置した簡易な全館空調システム

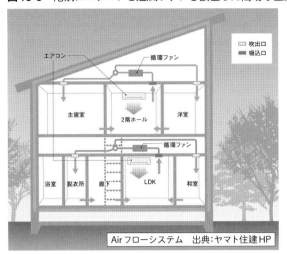

Airフローシステム　出典:ヤマト住建HP

①中間ダクトファン V-20ZMR3(三菱電機製)

形名	設定		消費電力(W)	開放風量(m³/h)
V-20ZMR3	強	400	25	400
		450	36	450
		500	47	500
	24時間換気(弱)	100	4.8	100
		150	5.4	150
		200	6.8	200
		250	9.5	250
		300	14	300

送風ファンとして三菱電機製DCブラシレスモーターを搭載する中間ダクトファンを使用。風量は強・弱(24時間換気)、2段切替(強:3段階設定　弱:5段階設定)可能である。

図15-7 エアコンと送風ファンを設置したマンションの簡易全館空調システム(「ゆかいふる」　出典:野村不動産)

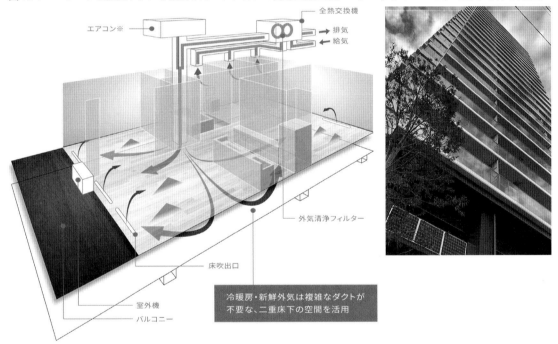

エアコンと送風ファンを取り付けたシステムです。後者はマンションにおいて、空調ユニットなしで床吹出しを採用したものです。後者はVAVが取り付けられ風量制御による室温制御が行われています。どちらも、標準的なYUCACOとは少し異なりますが、エアコンの台数を減らす代わりに送風ファンを使用して、全館空調しようという趣旨ではYUCACOと同じです。暖冷房負荷や圧損の推計が妥当であれば、どちらも問題のないシステムです。

YUCACOシステム
事 例 集

一般住宅

▶Y様邸

建物概要	(Ⅶ地域)所在地：福岡県福岡市	建物性能	U_A値：0.47W/(㎡・K)
	竣工年月：2021年12月		η_{AC}値：1.4
	建物種類：木造 軸組工法		η_{AH}値：1.4
	床面積：153㎡(1階：82㎡　2階：71㎡)	空調	送風機：15台
	工務店：健康住宅株式会社		エアコン：三菱製　5.6kW

外気の影響を極力減らし、各室へのダクト配管が短くなるよう2階の中心に空調室（空調ユニット）を配置しました。空調ユニットを省スペース化しており、ロフトがある部屋などは小屋裏空間を利用して壁からの吹き出しとしています。またトリプルガラス完全樹脂サッシを使用することで、日射取得を減らし断熱性能を大幅に高めています。

LDK

空調ユニット前面

2階主寝室

小屋裏収納

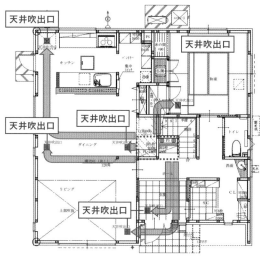

【1階】空調ユニットからの送風ルート（イメージ）

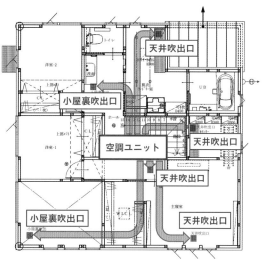

【2階】空調ユニットからの送風ルート（イメージ）

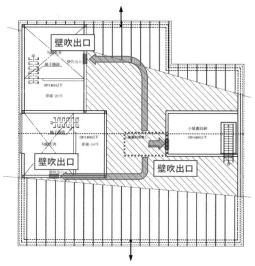

【3階】空調ユニットからの送風ルート（イメージ）

YUCACOの風量コントローラー

施工の流れ

空調ユニット内部（施工中）　空調ユニット内部（施工中）
※イメージ

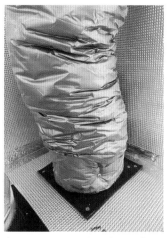

空調ユニットから出る送風用ダクト

大規模住宅(展示場)

建物概要		建物性能	
(Ⅶ地域)所在地:山口県下関市		U_A値:0.32 W/(m²·K)	
竣工年月:2022年12月		η_{AC}値:1.2	
建物種類:木造2×6工法		η_{AH}値:0.9	
床面積:217㎡(1階:122㎡　2階:95㎡)		空調	送風機:22台
工務店:エルクホームズ株式会社			エアコン:三菱製5.6kW×2台

展示場のモデルハウスとしての施工例です。延べ床面積が217㎡と比較的大きな住宅であり、2階にある吹き抜け(16㎡相当)を合わせると一般的な住宅の2倍程度の床面積規模となっています。
YUCACOシステムの心臓部である空調室(空調ユニット)は、住宅規模に合わせて大きく設計しており、床面積0.82坪の中に2台のエアコンと22台の送風機をうまく配置しています。

リビングダイニング(施工中)

リビングダイニング(竣工後)

キッズルーム

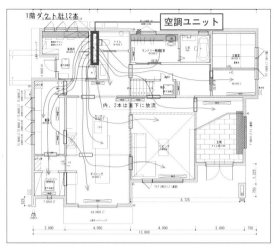

【1階】空調ユニットからの送風ルート

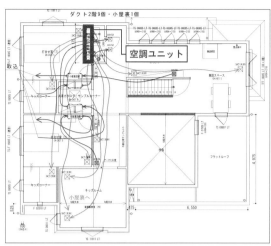

【2階】空調ユニットからの送風ルート

空調ユニット内

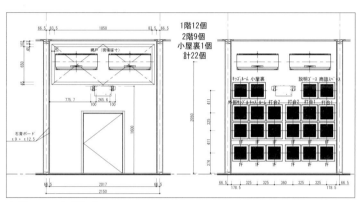

空調ユニット詳細図

1階12個
2階9個
小屋裏1個
計22個

カタログ・サンプルコーナー

ランドリー兼脱衣室

書斎

戸建住宅・リノベーション

▶○様邸

建物概要	(Ⅱ地域)所在地:北海道札幌市手稲区	建物性能	U_A値:0.24W/(㎡·K)
	竣工年月:2021年12月		η_{AC}値:1.3
	建物種類:木造 軸組工法		η_{AH}値:0.9
	床面積:109㎡	空調	送風機:12台
	工務店:株式会社 アルティザン建築工房		エアコン:三菱電機製　4kW

築44年、木造の中古住宅、30代の子育て世代の為に2階を増築しながらYUCACO室(空調ユニット)を設置。真冬エアコン26℃設定で家中24℃の快適温度で暮らしています。床下と二重天井を新たに造作して超断熱をほどこし、樹脂窓トリプルガラスアルゴンガス入りLowEで強化。最後に10.8kWの太陽光発電を設置したZEH住宅とする、未来型住宅に大変身！

リビングのリノベーション前と後

建物外観。2階を増築してYUCACO室(空調ユニット)に

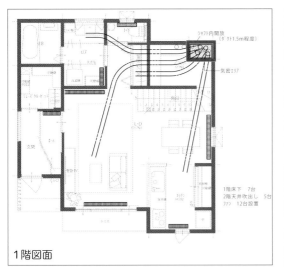

1階図面

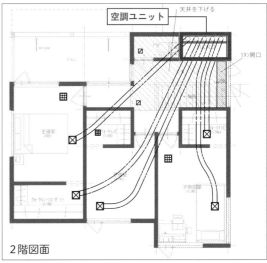

2階図面

床下を新たに造作して超断熱（基礎断熱：ミラフォームラムダ75mm）

太陽光発電を設置。天井断熱はブローイング400mm

壁の断熱は、高性能グラスウール105mm＋外断熱高性能ウレタンボードQ1ボード75mm

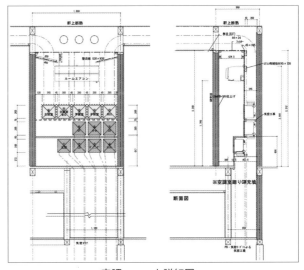

空調ユニット詳細図

マンション・リノベーション

▶H様邸

建物概要	(Ⅵ地域)所在地:愛知県春日井市	建物性能	U_A値:不明(窓にインナーサッシ追加)
	竣工年月:2022年3月		η_{AC}値:不明
	建物種類:鉄筋コンクリート造		η_{AH}値:不明
	床面積:63㎡	空調	送風機:8台
	工務店:YUCACO森の住まい直営		エアコン:ダイキン工業製2.8kW

新築マンションの収納を一部変更し、空調ユニットを配置しました。ダクト配管は、廊下や収納など非居室の天井裏スペースを利用し、壁や下がり天井部分に吹出し口を設置しています。また、インナーサッシで開口部の断熱強化をしています。

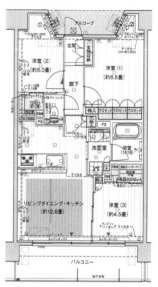

リビングダイニング(施工中)

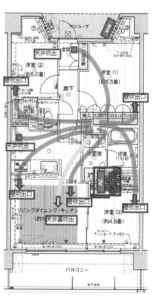

リビングダイニング(竣工後)

空調ユニットからの送風ルート ▶

インナーサッシで断熱強化 　　　　　　洋室 　　　　　　廊下

空調ユニット　施工の流れ

ダクト配管 ········▶ 機器取付 ········▶ 完成

公共施設（ガイダンス施設） ▶奈良山等妙寺歴史交流館

建物概要	（Ⅵ地域）所在地：愛媛県北宇和郡鬼北町	建物性能	U_A値：0.78W/(㎡·K)
	開館年月：2024年4月予定		η_{AC}値：1.11
	建物種類：鉄骨造		η_{AH}値：1.32
	床面積：348㎡	空調	送風機：36台
	工務店：株式会社 歴史環境計画研究所		エアコン：ダイキン工業製　8.0kW×2台

本施設（鉄骨造）は、YUCACOシステムを展示室、事務室（対象面積285㎡、平均天井高4.3m）に採用した。空調負荷軽減のために外断熱工法を採用し、断熱性能を高めた。効率よく空調を行うため、空調室（空調ユニット）を中央に配置し、風速を抑えるため吹出口は床下チャンバーから、給気口は空調ユニット天井面からとした。全熱交換器の排気（排熱）はエントランスホールへ吹出し、便所から外部排気をすることで排熱の利用を行った。

外観

展示室

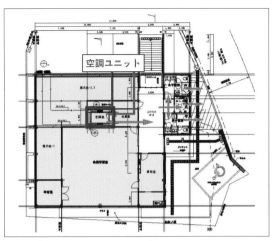

平面図（□□□□床下チャンバー／
　　　　→給気／➡排気・排熱ルート）

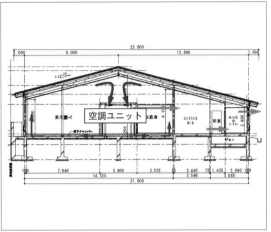

断面図（→屋内循環ルート／➡排熱ルート）

空調ユニット：入口全景（右）、エアコン・換気扇スイッチ配列（左）

空調ユニット：エアコン2台、換気扇
36台、全熱交換器1台を配置

展示室：南側開口部（アルミ製樹脂断熱サッシ＋複層ガラス）・床吹出口（鋼板製、鋼製グレーチング製）

診療所兼用住宅

▶F様邸

建物概要	（Ⅳ地域）所在地：岩手県北上市	建物性能	U_A値：0.25W/(㎡・K)
	竣工年月：2020年		η_{AC}値：1.0
	建物種類：木造 軸組工法		η_{AH}値：0.9
	床面積：154㎡	空調	送風機：14台
	工務店：株式会社リベスト		エアコン：ダイキン工業製 4kW

今回の建物は、施主様の住宅を2018年12月に新築させて頂いており、この快適空間を歯科医院で建設できないかという相談を受け、この歯科医院の建設に至りました。

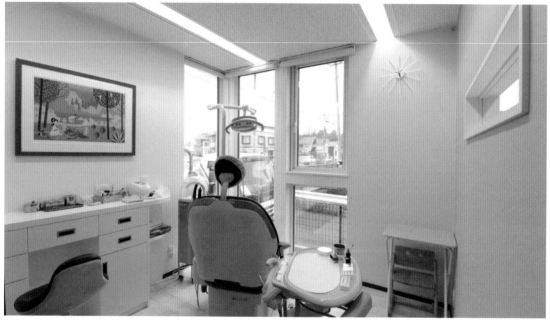

1階の歯科医院スペース

建物外観

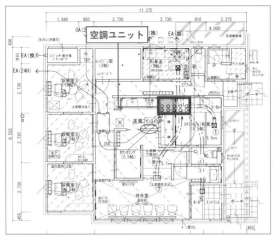

1階平面図

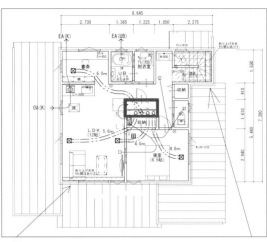

2階平面図

空調ユニット内

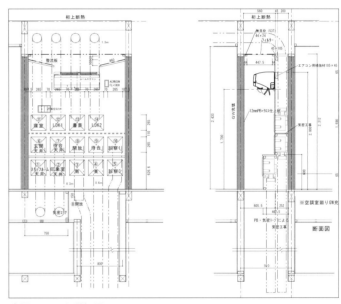

空調ユニット詳細図

受付上部に吹出口

待合室の窓側には床ガラリ

2世帯住宅

▶S様邸

建物概要	(Ⅵ地域)所在地:兵庫県姫路市	建物性能	U_A値:0.4W/(㎡·K)
	竣工年月:2021年5月		η_{AC}値:1.0
	建物種類:木造 軸組工法		η_{AH}値:0.9
	床面積:175㎡	空調	送風機:15台(1階)、13台(2階)
	工務店:ヤマト住建株式会社		エアコン:三菱電機製 6.3kw×2台

2世帯住宅で各世帯にそれぞれに空調ユニットを設置した施工例です。1階は主として床下チャンバー利用による床吹出し、一部1階天井にダクトを配して天井吹出としています。1、2階のダクトの重なりを避けるため2階は全て小屋裏空間をダクト経路とし天井吹出しとしています。そのため送風ファンの配置および空調ユニット自体の形状を1、2階で変えています。またベースとなる建築躯体は屋根、外壁とも充填断熱および外張断熱の二重断熱とし、気密性0.5cm²/m²以下(測定値0.1 cm²/m²)を確保しています。

施工の流れ

1階世帯空調レイアウト

2階LDK・空調ユニット(2)施工中

■天井吹出グリル ■床ガラリ

2階世帯空調レイアウト

2階LDK・空調ユニット(2)竣工後

■吹出グリル

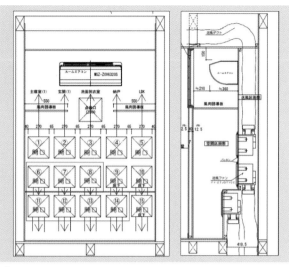

1階世帯用の空調ユニット内　送風ファン配列　計15台

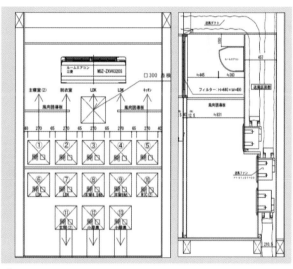

2階世帯用の空調ユニット内　送風ファン配列　計13台

外壁断熱施工状況	屋根外張断熱施工状況	気密測定実施状況
充填断熱パネル＋外張断熱	充填断熱＋外張断熱	C=0.1cm²/㎡

自由度の高い全館空調システム「YUCACO」

　ここではYUCACOシステムの適用事例をいくつか紹介させていただきました。YUCACOシステムは、小温度差大風量という特徴を持った空調方式であり、ルームエアコンの能力や送風機の台数の組み合わせにより大小さまざまな床面積に対応が可能です。具体的には事例❷のようにひとつの空調室にルームエアコンを2台設けたり、事例❼のように複数の空調ユニットを設けることで、大きな面積に適用したり、空調エリアを世帯でゾーン分けすることができます。また小さな住まいに対しては、事例❹にあるような2LDK程度のコンパクトなマンションの一室でも適用することもできます。

　建物の用途として住宅以外の場合では、事例❺で示した宝物殿といった公共施設のような建物や、事例❻のような併用住宅として診療所を併設した建物へ適用事例が示されています。住宅以外の建物においては、店舗などによく見られる出入口の扉を連続的に開放して使用する用途での設置はお勧めできませんが、建物の断熱性能と気密性能をしっかりと確保することで住宅と同様に設置することが可能です。

　一般的な全館空調の場合は新築時にしか設置できないイメージがありますが、事例❸や事例❹では既築住宅のリノベーションによりYUCACOシステムを設置した事例を紹介しています。事例❸では築44年の中古物件に対し、断熱改修をしっかりと施すとともに2階の一部を増築することでYUCACOシステムの設置を可能としています。

　これら7件の事例からもわかるように、**YUCACOシステムは、新築住宅のみならず既築や非住宅といった広い適用範囲を有し、非常に自由度のある全館空調システムである**ことがわかります。　　　（YUCACO推進機構）

事例	用途	地域	延床面積	U_A値	η_{AC}	η_{AH}	送風機	エアコン
❶	一般住宅	福岡	154㎡	0.47W/(㎡·K)	1.4	1.4	15台	5.6kW
❷	大規模住宅（展示場）	山口	217㎡	0.32W/(㎡·K)	1.2	0.9	22台	5.6kW×2台
❸	戸建住宅・リノベーション	北海道	109㎡	0.24W/(㎡·K)	1.3	0.9	12台	4kW
❹	マンション・リノベーション	愛知	63㎡	不明	不明	不明	8台	2.8kW
❺	公共施設（ガイダンス施設）	愛媛	348㎡	0.78W/(㎡·K)	1.11	1.32	36台	8.0kW×2台
❻	診療所兼用住宅	岩手	154㎡	0.25W/(㎡·K)	1.0	0.9	14台	6kW
❼	2世帯住宅	兵庫	175㎡	0.4W/(㎡·K)	1.0	0.9	15台+13台	6.3kW×2台

あとがき（住宅全館空調の展望）

　2022年（令和4年）の5月に住宅性能表示制度における断熱等性能等級の上位等級基準（等級5〜7）が制定され、日本でも政府が高断熱住宅を認知するようになりました。この基準は、政府が示す最低基準（適合義務基準）ではありませんが、政府が示す高断熱住宅の物差しですので、高断熱住宅こそ「良い暮らしと省エネ」のためには必須だと考える人には、大変有用な物差しとなります。本書のテーマである住宅全館空調も高断熱が前提条件の一つになりますので、筆者はこの上位等級基準の制定が全館空調の普及・拡大により一層拍車をかけるのではないかと期待しているところです。

　さて、本書の中では述べませんでしたが、空調システムとは大きなビルや工場などを中心にして発展してきたものです。事務所ビルや商業ビルでは、空調は企業の生産性や売り上げに直接影響しますので、空調に対しては経費を確保し、空調の質を落としてまで経費節減を考える経営者は少ないものと想像できます。ところが、一般の住宅は施主が住人にですので、部屋の暑さ寒さは我慢すればよいと考え、住宅の建設時に断熱や空調に充てるべき資金を削減する傾向が、以前は少なからずありました。しかし、本書で述べたように、断熱や空調が「良い暮らし」や省エネをもたらすための基本であるという認識が浸透すれば、この傾向も崩れてゆくものと確信しています。本書で紹介したYUCACOシステムなどは、快適で健康に良い温熱環境を妥当なコストで提供することができる、高いパフォーマンスを持った住宅システムです。「良いもの」は、少々時間がかかっても必ず世の中に浸透してゆきます。

　企業や技術者・研究者が住宅全館空調に本格的に取り組むようになったのは比較的最近のことです。もちろん、ビル空調のシステムをそのまま豪邸や億ションに適用した全館空調は昔から存在します。温暖地では住宅の空調は各室にエアコンを取り付けて「おしまい」という考え方が今でも普通です。一方、寒冷地では温水放射パネルによる

暖房が主流であり、余裕のある家庭では、更に冷房のことも考慮してエアコンを設置するという状況でしょうか。つまり空気熱源ヒートポンプによる給湯や暖房は、デフロスト対策が今一つ不完全なためにもう一歩浸透しないという所でしょうか。

　上述のように、断熱等性能等級の上位等級基準が制定され、日本では官民一体となって温暖地においても高断熱化を目指すことが事実上宣言されました。断熱等級7の高断熱仕様については本書でも紹介しましたが、ようやく始まったばかりです。ですので、より合理的で高性能な断熱仕様については今後、更に技術開発が進められていくことでしょう。また、高断熱住宅における空調システムについても、YUCACOシステムのような全館空調システムがさらに進化することが期待されます。筆者の言い過ぎかもしれませんが、今までは戸建住宅やマンションの世界と空調技術の世界とは別々の世界だったと思います。この二つの世界を滑らかに繋ぐような業種は誕生の気配すらなかったのかもしれません。住宅屋さんは、「空調やエアコンのことは電気屋さんに丸投げしておしまい」というのが普通です。しかしこれからは、住宅であっても企画・設計の段階から空調システムを意識した設計が行われることが普通になるものと予想されます。そして、それに伴い、住宅やマンションを生業とする人々は空調に関する「勉強」をもっとしなければならなくなるでしょう。

　YUCACOシステムは、上記のような業界の事情を全く意識せずに、高断熱住宅における最適な空調システムを正面から探求してみようという発想の下で誕生しました。このシステムを普及させる目的で、筆者らは2012年12月にYUCACOシステム研究会を設立しました。これからは温暖地においても高断熱化が進むことを見通し、この研究会では高断熱住宅を前提にした適切な空調（暖房と冷房）・換気システムのあり方と手法を、学術的な検証を積み上げながら、ビジネスにも役立ててもらうという趣旨で、研究し検討して参りました。

　とは言っても、研究者の立場から見れば、YUCACOにも課題があります。一番気になる課題は湿度調整がやや不十分なことです。しかしこれはビル空調も含めた、既存の空調方式すべてにあてはまるのかもしれません。本書の15章のI邸のデータでも見られますが、室内の絶対湿度は、夏は11g/kg'以上、冬は7g/kg'以下になることが多い状況です。つまり、湿度についてはこれまで推奨されてきた快適域からやや外れる場合が多いものと思われます。しかし、湿度の適切な範囲については、着衣量や個人差、衛生性なども考慮しなければならない

ので、簡単に解決はできません。また、冬に室温が22℃以上の暖めす
ぎや夏に26℃以下になる冷やしすぎも問題です。だが、いずれにせよ、
これらはマイナーな問題です。研究者から見れば、建物の隅々まで快
適条件を満たすシステムを最小のエネルギーでもって作りたい気持
ちになることは理解できますが、そのために初期コストが高くなりす
ぎては、普及の面ではブレーキになってしまいます。マイナーな改良・
改善は全館空調の市場が成長・成熟し、市場がより精度の高い空調シ
ステムを要求するようになってからでも遅くはないものと思われます。
現在は全館空調の市場を拡大することの方が大切な時期ではないで
しょうか。

　さて、世界と国内における政治経済上の対立状況をまじめに眺めて
みれば、日本の世界的地位や我々の生活は将来に亘っても決して安泰
と言える状況ではありません。もちろん、戦後ここまで積み上げてき
た社会制度やインフラを易々と手放したり崩壊させたりするわけに
は行きません。エネルギー分野を眺めれば、世界の化石燃料資源は偏っ
て埋蔵されていますので、産油国と非産油国の様々な駆け引き・対立
が続いています。日本も含めた西側諸国における再生可能エネルギー
の活用や電気自動車への移行は産油国への牽制球とも捉えることが
できます。また、原発に対しても、政治的な反発はあるものの、西側諸
国では原発をCO_2が排出されない電力源として利用していこうとい
う考え方があり、日本も原発の再稼働に徐々に踏み出す予定になって
います。安全な原発に対する革新的な技術開発も世界中で進められ
ています。こうした状況を認識すると、日本の住宅はエネルギーの消
費効率を高めるために、高断熱化とヒートポンプの活用をより強力に
進めるべきであるという結論に到達します。ヒートポンプのエネルギー
源は電力であり、電力は多岐の資源から製造することができます。エ
ネルギー源の選択肢を増やすことは不安定な世界に対する対抗策に
もなります。

　最後に、本書の出版を企画された廣石和朗氏（FHアライアンス会長）を始
めとして、様々な面から支援してくださった関係者と出版社の皆様に
感謝を申しあげて、パソコンの打鍵を終えます。ありがとうございました。

令和4年10月吉日　　坂本雄三

索 引

索引

索 引

索引

【著者略歴】

坂本雄三(さかもと・ゆうぞう)

一般社団法人・YUCACO推進機構 理事長。東京大学名誉教授。1948年生まれ。1971年北海道大学理学部地球物理学科卒業。1978年東京大学大学院工学系研究科建築学専攻博士課程修了(工学博士)。建設省建築研究所入所。1990年名古屋大学工学部建築学科助教授。1994年東京大学大学院工学系研究科助教授(建築学専攻)。1997年同教授。2012年国立研究開発法人建築研究所理事長。2017年同退職。2023年京都大学特任教授(生存圏研究所)。㈳空気調和衛生工学会会長(2010-2012年)、国土交通省・社会資本整備審議会(環境部会・建築部会)臨時委員、経済産業省・ゼロ・エミッション・ビルの実現と展開に関する研究会・委員長、環境省・中央環境審議会地球環境部会フロン類等対策小委員会・委員など歴任。

住まいの断熱・空調・換気の新しい考え方と仕組み
YUCACOシステム解説読本

発行日	2023年4月28日　第1刷　発行
著　者	坂本雄三(さかもと・ゆうぞう)
協　力	一般社団法人 YUCACO推進機構
デザイン・DTP	丸橋一岳
発行者	田辺修三
発行所	東洋出版株式会社 〒112-0014　東京都文京区関口1-23-6 電話　03-5261-1004(代)　振替　00110-2-175030 http://www.toyo-shuppan.com/
印刷・製本	日本ハイコム株式会社

✿〰 ISO14001取得工場で印刷しました